长天无痕

青年教师成长
必修课

宋晓朋 / 主编

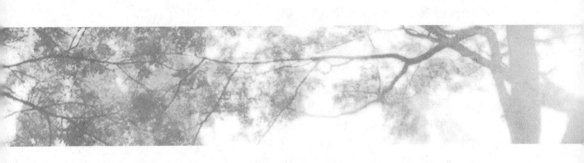

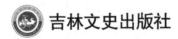

吉林文史出版社

图书在版编目（CIP）数据

长天无痕：青年教师成长必修课 / 宋晓朋主编. ——
长春：吉林文史出版社，2020.8
　　ISBN 978-7-5472-7124-7

　　Ⅰ.①长… Ⅱ.①宋… Ⅲ.①中学语文课—教学研究
—初中 Ⅳ.①G633.302

　　中国版本图书馆CIP数据核字（2020）第153601号

长天无痕：青年教师成长必修课
CHANGTIAN WUHEN：QINGNIAN JIAOSHI CHENGZHANG BIXIUKE

著 作 者：宋晓朋
责任编辑：程　明
封面设计：姜　龙
出版发行：吉林文史出版社有限责任公司
电　话：0431-81629369
地　址：长春市福祉大路5788号
邮　编：130117
网　址：www.jlws.com.cn
印　刷：北京政采印刷服务有限公司
开　本：170mm×240mm　1/16
印　张：15.75　　　　字　数：284千字
印　次：2022年6月第1版　2022年6月第1次印刷
书　号：ISBN 978-7-5472-7124-7
定　价：45.00元

编 委 会

序 言
PREFACE

磨成镜子做良师

吴小金

面对这本《长天无痕——青年教师成长必修课》，我心甚慰。书里一页页的文字、一篇篇的文章，是教师们自主学习的成果。"芳菲歇去何须恨，夏木阴阴正可人。"在细碎而繁杂的工作之余，在繁华与纷乱的生活间隙，这几位教师能静下心来思考教学的来处与走向，并将自己的成果述诸笔端，这是作为教师应该有的样子。

日本学者佐藤学写了《静悄悄的革命》一书。事实上，教育的革命岂止于课堂上、师生间，更应该发生在课后，体现在教师群体自觉、自发的改变。教师这个队伍，往大里说，肩负着一个民族的命运。正如任正非所言：教育是最大的国防，把教育做好，国家就有未来。往小里说，教师影响着一个班的学生的人生。所以，如何上好每一节课，绝不是小事一桩。为了担负起国家和一个个家庭赋予教师的使命，教师在对学生传道、授业、解惑的同时，还必须完成一项神圣的事业——自我教育。苏霍姆林斯基曾说："最好的教育就是自我的教育。"

《长天无痕——青年教师成长必修课》里的教学论文、课文解读、教学叙事、教学设计、教学反思、说课稿，背后包含的是教师们对语文教学的不懈钻研、对自身教学行为的冷静审视，以及对教学细节的精雕细琢。虽然有些想法和做法还存在值得商榷的地方，但几位教师为使语文教学精益求精所做的努力，无疑是令人敬佩的。可以说，这几位教师的教学研究方向应该成为全体教师借鉴的方向。做教师，就要这样自我教育。

书的名字很有意思，也很有意境。我的理解是：几位教师默默地研究、静静地成长，这些做法放在整个课程改革的大背景下显得微乎其微，很难引人注目。如此理解，可见教师们的自谦之处。其实，教育的事只要做了，一定会留下印记。正如泰戈尔的诗："天空没有留下鸟的痕迹，但我已飞过。"万里长天会记得，广袤大地会投影。

本书的主编是宋晓朋老师，宋老师是2017年深圳市龙岗区面向全国招聘高端人才时引进的中学语文特级教师。她带领着自己的研究团队一节节听课、一遍遍磨课，将教师们一个个推到前台做专题讲座。如今，她又积极推动教师们将自己的研究成果结集成册，这不仅是对工作室成员的巨大鼓舞，更给团队成员指明了专业成长的方向，那就是关注学情，深挖教材，研究教法和学法，立足于课堂，放眼于课改，最终实现教师的专业提升和职业成长。

（作者系深圳市龙岗区横岗六约学校校长，正高级教师）

工作室成员

谢锋俊（深圳市龙岗区新梓学校）

教育格言：

　　捧着一颗心来，不带半根草去。

杜　慧（深圳市龙岗区六约学校）

教育格言：

　　教育不是注满一桶水，而是点燃一把火。

工作室成员

程　梅（深圳市龙岗区六约学校）

教育格言：

　　一起学习，一起成长。

罗　璇（深圳市龙岗区吉溪初级中学）

教育格言：

　　发现每一位学生的潜能，让每一位学生成为更好的自己。

工作室成员

范妍妍（深圳市龙岗区吉溪初级中学）

教育格言：

　　深其深，浅其浅，益其益，尊其尊。

陈　媛（深圳市龙岗区六约学校）

教育格言：

　　用真心和耐心，静待花开。

工作室成员

陈　颖（深圳市龙岗区园山实验学校）

教育格言：

　　不言春作苦，常恐负所怀。

李　雪（深圳市龙岗区天誉实验学校）

教育格言：

　　博观而约取，厚积而薄发。

工作室成员

崔维刚（深圳市龙岗区六约学校）

教育格言：

空长灭征鸟，水阔无还舟！

刘梦玲（深圳市龙岗区六约学校）

教育格言：

激发兴趣，授之以渔；积跬步，助成长。

目 录
CONTENTS

第三篇　教学叙事

第四篇　教学设计

第五篇 教学反思

第六篇 说课稿

長天无痕
——青年教师成长
必修课

第一篇

教 学 论 文

在比较阅读中体会鲁迅对长妈妈的温情

宋晓朋

新编人教版教材七年级下册选入了鲁迅的《阿长与〈山海经〉》一文，其课后第二题的第二问是："在'写作时的回忆'中，作者对阿长的怀念充满了温情。你从哪里能读出来？"《教师教学用书》中的答案是这样的："我的保姆，长妈妈即阿长，辞了这人世，大概也有了三十年了罢。我终于不知道她的姓名，她的经历；仅知道有一个过继的儿子，她大约是青年守寡的孤孀。仁厚黑暗的地母呵，愿在你怀里永安她的魂灵！"这段温情的叙述既满含思念与感激，又深怀同情和内疚。

我以为，鲁迅的确对长妈妈怀有温情，但绝不仅仅是这一处明显抒发感情的句子，而是字里行间都饱含着这种感情。关于这一点，有很多学者从各个角度予以评论及说明，其中尤以钱理群教授《怎样读和教〈阿长与《山海经》〉》一文最为探幽发微、鞭辟入里。钱教授从"体味贬义词背后的爱意""为什么'大词小用'""最后的神来之笔"三个角度，让读者深切感受鲁迅先生在文章里暗含着饱满的温情。

但我要论述的，是从《朝花夕拾》中两个看似不相关的人物对比中，感受鲁迅对长妈妈特殊的感情。与阿长形成对比的人物就是衍太太。

《朝花夕拾》是鲁迅唯一一部回忆性散文集，收录了十篇散文，前七篇反映他童年时代在绍兴的家庭和私塾中的生活情景，后三篇叙述他从家乡到南京，又到日本留学，然后回国教书的经历。其中涉及阿长的有《五猖会》《狗·猫·鼠》《从百草园到三味书屋》，还有专门为阿长而作的《阿长与〈山海经〉》。提到衍太太的有两篇，包括《琐记》和《父亲的病》，两篇中对衍太太的描写文字都占有一定比重。《朝花夕拾》中只写到三位女性，除了上述两位之外，还有"母亲"，但都是简单地提及，没有专门的文章，也没有大段的描写。可见，阿长和衍太太在鲁迅童年、少年和青年时代的生活中留有很深的印记。

那么，鲁迅对两位女性的感情一样吗？

从称呼上看，鲁迅在《阿长与〈山海经〉》的开头写道："长妈妈，已经说过，是一个一向带领着我的女工，说得阔气一点，就是我的保姆。我的母亲和许多别的人都这样称呼她，似乎略带些客气的意思。只有祖母叫她阿长。我平时叫她'阿妈'，连'长'字也不带；但到憎恶她的时候，——例如知道了谋死我那隐鼠的却是她的时候，就叫她阿长。"但对于衍太太，鲁迅的作品里自始至终就只有一个称呼。

听起来，对于阿长，鲁迅似乎有亲切的时候，但也有不敬之意在其中。而对于衍太太，却始终恭恭敬敬，礼貌有加。

再从表达感情的字眼的选择上看，鲁迅写到阿长时说："但到憎恶她的时候""但倘使要我说句真心话，我可只得说：我实在不大佩服她。最讨厌的是常喜欢切切察察""我想，这实在是无法可想了""但是她懂得许多规矩；这些规矩，也大概是我所不耐烦的""元旦辟头的磨难，总算已经受完""总之：都是些烦琐之至，至今想起来还觉得非常麻烦的事情"。

鲁迅写到衍太太时说："她是一个精通礼节的妇人""她对自己的儿子虽然狠，对别家的孩子却好的，无论闹出什么乱子来，也决不去告诉各人的父母，因此我们就最愿意在她家里或她家的四近玩""假如她看见我们吃冰，一定和蔼地笑着说""虽然如此，孩子们总还喜欢到她那里去""父亲故去之后，我也还常到她家里去"。

读起来，对于阿长，鲁迅不胜其烦，对她又讨厌又无奈。而对于衍太太，却感觉鲁迅很愿意亲近，认为她是个和善的人。

果真如此吗？先从事件上来看看二者的差异。

阿长到底做了哪些令鲁迅"讨厌"的事呢？"谋死我那隐鼠""常喜欢切切察察""不许我走动""告诉我的母亲""睡觉时挤得我没有余地翻身""懂得许多规矩""常常对我讲'长毛'的事"等等。

再来看看衍太太做了哪些令鲁迅觉得"亲切"的事。在《父亲的病》

里，衍太太做了一件事：在"我"父亲要断气的时候让"我"大声地叫父亲；在《琐记》里，衍太太鼓励孩子们冬天比赛吃冰；让年幼的"我"看春宫画；她给打旋子的孩子们数数，但孩子摔倒被家长看到时她却怪孩子不听她的劝阻；怂恿"我"偷家里的财物并传播"我"偷东西的谣言。

两相对比我们不难看出，阿长所做的事虽令作者讨厌，但不过是性格上的小缺陷，是胸无城府、无心之失。而衍太太的行为暴露的是她人格上的大污点，是居心不良、不怀好意。

我们再从叙述视角的转换角度看鲁迅的态度。

《朝花夕拾》是回忆录，所以存在叙述视角转换的现象。叙述视角是叙述语言中对故事内容进行观察和讲述的特定角度。这两篇文章似乎都是以第一人称为视角讲述故事，但"事实上第一人称的叙述视角同故事里人物的视角往往并不是完全重合的，因为这类作品一般是以过去时态叙述的，而叙述者仍有可能以回忆者的身份补充当时所不知的情形"。《阿长与〈山海经〉》和《琐记》等文章就是如此，虽从始至终都以第一人称为叙述视角，但文中的"我"是不一致的。也就是说，作者叙述事件，有时是从"当时"，也就是小孩子的角度，有时是从"当下"，也就是成人的角度。

认为阿长讨厌的显然是幼年鲁迅，认为衍太太可亲的也是幼年鲁迅。而到了成年，鲁迅对阿长的感情是"仁厚黑暗的地母呵，愿在你怀里永安她的魂灵"。孙绍振说："对于中国的国民性一直持严厉批判态度的鲁迅，用这样诗一样颂歌式的语言是很罕见的。"鲁迅的这句话里，包含了许多对朴实、善良的长妈妈的怀念、热爱、感激与愧疚！

对于衍太太，成年的鲁迅说："我现在还听到那时的自己的这声音，每听到时，就觉得这却是我对于父亲的最大的错处。"衍太太让年幼的鲁迅在父亲临终前不停地大声叫"父亲"，这是鲁迅一生的痛。还说："流言的来源，我是明白的，倘是现在，只要有地方发表，我总要骂出流言家的狐狸尾巴来。"鲁迅称无中生有、造谣中伤他的衍太太为"流言家"，要"骂"出她的"尾巴"。又说："好。那么，走罢！"鲁迅将自己最终被迫离家出走的罪责归于衍太太。

那么，对于阿长和衍太太的爱与憎，到底是由幼年鲁迅还是成年鲁迅的视角决定呢？答案当然是后者。

那为何鲁迅对二人的称呼和运用的感情字眼有天壤之别呢？这可以从鲁迅惯用的一种修辞手法——反语来看。例如，"当三个女子从容地转辗于文明人所发明的枪弹的攒射中的时候，这是怎样的一个惊心动魄的伟大呵！中国军人屠戮妇婴的伟绩，八国联军的惩创学生的武功，不幸全被这几缕血痕抹杀了"（鲁迅《华盖集续编·记念刘和珍君》）。这句话中的"文明人""伟大""伟绩""武功"都是反语的典型，这种语言在鲁迅的文章里俯拾即是。

反语可以分为两大类，即讽刺反语和风趣反语。讽刺反语是为了揭露、批判、讽刺、嘲弄等表达贬义的短语，是常见的用法；风趣反语是为了风趣、幽默、诙谐而说的短语，字面表达的是贬义，实际上是表达褒义，或因情深难言，或因避嫌忌讳，并不包含讽刺嘲弄之意。

说阿长讨厌，显然是用了风趣反语。而说衍太太可亲，无疑也是用了讽刺反语。

例如，《阿长与〈山海经〉》中写道："一到夏天，睡觉时她又伸开两脚两手，在床中间摆成一个'大'字，挤得我没有余地翻身，久睡在一角的席子上，又已经烤得那么热。推她呢，不动；叫她呢，也不闻。"我们读到这里时，虽然鲁迅口口声声说"这实在是无法可想"，使我们分明感受到小鲁迅经常被阿长挤得半夜醒来的万般委屈和无计可施的无可奈何，但也着实令我们忍俊不禁，实在恨不起阿长来。因为我们感受到阿长粗枝大叶的行为下不加掩饰的淳朴，或者是掩饰不住的孩子气。如果她稍稍有那么一点点"主仆意识"，如果她会看那么一点点"眉眼高低"，如果她能听懂那么一点点"话里有话"，也不会我行我素地摆"大"字。对于一个毫无心机、天真烂漫的阿长，谁又能"恨"得起来呢？阿长所做的其他令小鲁迅"讨厌"的事，我们读来的感受莫不如此。所以，越是说"讨厌"，越是有喜爱的意思在里边。就像黛玉叫宝玉是自己的"天魔星"，崔莺莺称张君瑞是"冤家"，妈妈们喊孩子为"小鬼头"，都是正话反说，是同一个道理。

但衍太太就不同了。她严格管教自己的小孩，却鼓励别家孩子大冬天吃冰，简直是笑里藏刀；给年幼无知的孩子看春宫画，教唆小孩子偷自家的珠宝，且接下来就污蔑"我"做了偷盗之事，这是赤裸裸的"诲淫诲盗"；至于刚刚还帮孩子计数，转过头看见摔倒孩子的家长就故意责备孩子不听她的话，这是典型的两面三刀。对于这样的人，我们会从心底里狠狠地骂上一句：可恶！

如果以上结论还只是读者阅读判断的话，那我们来看看鲁迅叙事的口吻又有怎样的不同。

例如，当阿长神乎其神地讲述长毛割下门房的头时，幼小的鲁迅说："那么，你是不要紧的。"接着写道："我以为她一定最安全了，既不做门房，又不是小孩子，也生得不好看，况且颈子上还有许多灸疮疤。"我们似乎看到一个对阿长满脸不屑、挖苦人头头是道的"小大人儿"。

再看阿长的反应："'那里的话？！'她严肃地说。'我们就没有用处？我们也要被掳去。城外有兵来攻的时候，长毛就叫我们脱下裤子，一排一排地站在城墙上，外面的大炮就放不出来；再要放，就炸了！'"阿长看到自己的"权威"受到了挑战，居然"臆想"出"人肉挡炮弹"的"战术"来。我们似乎看到一个急赤白脸、认真地胡说八道的"老小孩儿"。

这一对"小大人儿"和"老小孩儿"你来我往的交谈，简直是喜剧表演。鲁迅完全是抱着调侃的口吻、快乐的心情在回忆阿长的种种"讨厌"，那根本就不是真的讨厌，而是满满的温情！

而对于衍太太，鲁迅的措辞似乎客气得多。同样是叙述衍太太所做的事，鲁迅从没有用"憎恶""无法可想"之类的词语。只是说"但我对于她也有不满足的地方""这使我很不高兴，似乎受了一个极大的侮辱，不到那里去大约有十多天"，这里的"不满足"有"不满意"的意思。

连少不更事的孩子都觉出衍太太的不怀好意，可见得她当时该有多么卑鄙！天真无邪的孩子们那么信任她，愿意到她家玩，对于这份"亲近"，年幼无知孩子们显得多可怜，衍太太显得多可耻！

至此，通过对两篇文章的比照分析，我们看出鲁迅对阿长的温情不仅像《教师教学用书》所说的体现在最后的段落上，更体现在看似"贬低"阿长的所有文字中。

还有一个角度可以证明鲁迅对阿长富有温情，那就是事实。

张耀杰指出："衍太太实际上是鲁迅的叔祖母，她先后嫁给叔侄二人，她的第一任丈夫是周子传，后一个是她侄子辈的周衍生。"鲁迅用"衍太太"而不是"传太太"给她起绰号，明显有讥笑之意。鲁迅的祖父周福清很是瞧不起这位堂兄弟媳妇，鲁迅的父亲周伯宜后来染上鸦片瘾也与衍太太夫妇有关。所以，鲁迅对她不是没好感，而是有恶感。

周建人在《鲁迅故家的败落》中回忆说："父亲去世前让鲁迅大叫'爹爹'的，是长妈妈而不是被鲁迅称为'衍太太'的'子传奶奶'。"

鲁迅在《我的父亲》里有如下几段文字：

我的父亲躺在床上，喘着气，脸上很瘦很黄，我有点怕敢看他了。

他的眼睛慢慢闭了，气息渐渐平了。我的老乳母对我说，"你的爹要死了，你叫他罢。"

"爹爹。"

"不行，大声叫！"

"爹爹！"

我的父亲张一张眼，口边一动，仿佛有点伤心，——他仍然慢慢的闭了眼睛。我的老乳母对我说，"你的爹死了。"

阿！我现在想，大安静大沉寂的死，应该叫他慢慢到来。谁敢乱嚷，是大过失。我何以不听我的父亲，徐徐入死，大声叫他。

阿！我的老乳母。你并无恶意，却教我犯了大过，扰乱我的父亲的死亡，使他只听得叫"爹"，却没有听到有人向荒山大叫。

那时我是孩子，不明白事理。现在，略略明白，已经迟了。我现在告知我的孩子，倘若闭了眼睛，万不要在我的耳朵边叫了。

"真实性"是回忆性散文的一个特点，或者说是一个基本要求。我们不知道鲁迅为何将"教我犯了大过，扰乱我的父亲的死亡"的人罔顾事实写成衍太太，但至少从这个偷梁换柱中可以看出，鲁迅对衍太太是多么讨厌，而借此将阿长保护在温情的心底。

📖 **参考文献**

［1］钱理群.怎样读和教阿长与《山海经》［J］.语文学习，2008（9）.

［2］兹韦坦·托多洛夫.文学理论精粹读本［M］.阎嘉，编.北京：中国人民大学出版社，2006.

［3］孙绍振.审美阅读十五讲［M］.北京：北京大学出版社，2013.

第一篇 教学论文

有效问题设置对学生表达能力的培养之我见

——对部编语文教材课后问题设置的思考

谢锋俊

　　当前，语文课堂或多或少出现了这样的现象：学生在语文课堂上表达的欲望小了，愿意站起来表达自己观点的人少了，能够清楚流利地表达自己的人不多了，能够声情并茂、富有文采与激情地表达自己的人更是见不着了。出现这些现象，是所有语文老师不愿意看到的，也是语文老师所痛心的。之所以出现这些现象，跟社会、学校、家庭都分不开。随着信息技术的超速发展、人工智能的迅速崛起、AI技术的不断纵深发展，以及微信、QQ等一众虚拟社交平台不断发展，挤压了人与人之间正常合理的交际空间，使交流从口头转向了虚拟的文字、图片及各类表情包，从而让口语表达不断减少。更有甚者，学生长期沉溺于网络空间不能自拔，以至出现社交障碍的也不在少数。

　　事实上，新课标对各年级学生的表达能力均有明确的要求。语文作为一门兼具人文性与工具性的学科，应该主动承担起培养学生表达能力的责任。语文课堂教学能否很好地激起学生的表达欲望，刺激学生主动表达、大胆表达、善于表达，显得尤其重要。

　　而如何才能让学生想表达、能表达、会表达，课堂教学中的问题设置是至关重要的。我认真研析了部编版八年级语文教材中若干课后问题设置，结合多年的语文教学经验，谈谈自己粗浅的看法。

一、部编版教材课后思考探究的问题设置特点

1. 具体性问题切入小

部编版教材对涉及文章具体内容的问题切入点非常小，让大部分学生在认真阅读文章后都能有准确的理解，并能较好、较快地找到相应的答案。如《三峡》中的问题一："朗读并背诵课文。说说作者是按什么顺序写三峡景物的，这样写有什么好处。"学生在通读全文后不难发现，文章每段开头都有时令季节的标志词语，如"夏水""春冬之时""晴初霜旦"等，自然对问题就有了答案。《与朱元思书》中的问题一："朗读并背诵课文。说一说，文中所写的山水'独绝'在哪里？"文章开篇说"自富阳至桐庐一百许里，奇山异水，天下独绝"，既统领了全文，更概括了山水的特点。通读文章后不难发现，独绝之处无外乎山高水清，只是具体到山水的特点，就是另一个更具体的问题了，学生会更有话可说。

2. 感知性问题口径大

相反，对主观性、感知性的问题，提出的口径相当大，让每个学生面对这样的问题时都能结合自己的经历与理解谈上几点。

如《答谢中书书》中的问题："文章结尾说：'自康乐以来，未复能有与其奇者。'想一想，其中有什么言外之意？"参考答案虽然给出了回答，即主要体现作者能与古今知音共享山水美景的这份得意之感。但学生的回答如体现作者的自豪、言外之意是在说跟"我"这样的人没几个、作者想借康乐公来说自己很出色……何尝不可呢？

3. 琐碎性问题少，统领类问题多

部编版教材并没有设置太多知识性的琐碎问题，对字词的解释、语句的理解、中心的表达等并没有过多的关注。相反，对牵一发而动全身的问题、一问而知八九的问题、举一能反三的问题设置得非常巧妙，更接地气。如朱德《回忆我的母亲》中的问题一，"文章开头即说：'我爱我母亲，特别是她勤劳一生，很多事情是值得我永远回忆的。'阅读课文，想一想：母亲的'勤劳'是通过哪些事例体现出来的？从文中还可以看出母亲具有怎样的品格？"这一问题可以说是牵一发而动全身，"勤劳"是本文的主线，通过寻找母亲"勤劳"的事例，便已初步完成了对文章的整体感知，也对全文的内容有了一

个大概的了解。继续追问"从文中还可以看出母亲具有怎样的品格",更进一步提醒学生在众多的事例中除"勤劳"外,母亲还有其他的美好品质。因此,"善良""慈爱""任劳任怨""同情"等美好品质自然就不难说出来了。这一问几乎成了全文的"主问",只此一问,便已讲解大半文章。

二、语文教学中如何培养学生的表达能力

1. 搭建好平台,让学生有地方说

课堂是语文教学的主阵地,也是培养学生表达最易得、最实际、最有效的平台。我们要在平时的日常教学中高度重视课堂这一主阵地,改变传统的教法,还权于学生,让学生成为课堂的主人。

同时,作为语文教师,也要充分利用课堂以外的各类语文活动,如校内演讲比赛、辩论赛、语文活动周等活动,让学生有地方可说。

2. 营造好氛围,让学生有欲望说

有了平台,氛围也很重要。一节课如果教师语调平平、感情麻木,学生也会死气沉沉、萎靡不振,问题再好、平台再大,都没有表达的意愿。人是环境的产物,身处集体环境中的学生,对当下环境的感知能力很强,当下的环境是否有利于自己的表达,是否能让自己赢得惊喜的目光,学生是非常清楚的。这就需要教师积极营造轻松欢快的环境,营造人人愿意开口、主动表达、敢于表达、乐于表达的氛围,甚至要营造一种表达光荣、表达时尚、表达很潮的观念,让学生有表达的欲望,从而愿意表达,让表达成为一种主流、一种时尚,让更多的学生敢于上台、敢于表达。

3. 设置好问题,让学生有内容说

有了平台,学生就有了表达的地方;有了氛围,学生就有了愿意表达的欲望。如果没有很好的问题让学生有话可说,那么再好的平台也少有人上,再好的氛围也鲜有人说。因此,课堂上教师的问题设置是非常关键的,既能让大部分学生在知识性的具体问题上找到答案,又要让每个学生在统领性的问题上结合个人的经历与思考说出子丑寅卯,这非常考验语文教师的备课能力、设置"主问题"的能力以及课堂刺激调控能力等。

但不管难度再大、要求再高,作为语文教师,这都是义不容辞的事。

紧扣文眼架构课堂，字字读来皆不寻常

——以一篇教学设计为例

杜 慧

清代学者刘熙载说："揭全文之旨，或在篇首，或在篇中，或在篇末。在篇首则后者必顾之，在篇末则前者必注之，在篇中则前注之、后顾之。顾注，抑所谓文眼者也。"我国古代文论中素有文眼（诗眼、词眼）之说，陆机《文赋》中称其"立片言而居要，乃一篇之警策"；我们熟知的"画龙点睛"的典故，即是从绘画理论中衍生出的生动形象比喻文章中揭示题旨的关键而精妙之语。通俗地讲，文眼就是文章中那些最富有表现力、最能帮助读者理解整个作品的主题或脉络层次的关键词句。也就是说，文眼是文章的精神凝聚点，厘清文眼是读懂文章、理解主旨、把握情感的关键。

细思可知，很多文章都有文眼（诗眼、词眼）。它们凝聚了作者对人生的体会和对生活的感悟，是"情动于衷而形于言"的自然流露。它们可以是一句含义深刻、耐人寻味的句子，如苏洵的政论名篇《六国论》中的"六国破灭，非兵不利，战不善，弊在赂秦"，荀子《劝学》中的"君子曰：学不可以已"；也可以是一个表达主题思想（情感）的字词，如范仲淹《苏幕遮》中的"相思"，李煜《相见欢》中的"愁"等。在语文教学中，如果能紧扣文眼开展教学，便能牵一发而动全身，启迪学生，感悟知识。

文言文是初中教学的重难点，如果我们能尝试以文眼来架构课堂结构、组织课堂教学，既是对文本的尊重，也能更好地引导学生品味作品的内核。下面我以《记承天寺夜游》的教学设计为例，来谈谈自己的尝试。

一、紧扣文眼，知人论世

我们在欣赏、吟咏古人作品时，应该深入探究他们的生平和为人，全面了解他们所生活的环境和时代，与作者成为心灵相通的朋友，这就是孟子提出的"知人论世"的文学鉴赏方法。19世纪法国批评家圣佩韦也强调，要"从作家的个人条件去解释作品，把作品看作是作家生活经历、性格、气质、心理因素的投影"。从文眼出发，宏观了解作家生活的时代背景，观照作家的际遇沉浮，更能启发学生深入品味作品的主旨内核。

苏轼的《记承天寺夜游》是一篇文质兼美之作，写于他经历"乌台诗案"后被贬黄州期间。元丰二年，苏轼因诗入狱。同年十二月，他获释出狱，被贬谪到黄州任团练副使。余秋雨在《苏东坡突围》中有这样一段描述："他从监狱里走来，他带着一个极小的官职，实际上以一个流放罪犯的身份走来，他带着官场和文坛泼给他的浑身脏水走来，他满心侥幸又满心绝望地走来。他被人押着，远离自己的家眷，没有资格选择黄州之外的任何一个地方，朝着这个当时还很荒凉的小镇走来。"苏轼在黄州的生活状态，在他给友人的书信中可见一斑："得罪以来，深自闭塞，扁舟草履，放浪山水间，与樵渔杂处，往往为醉人所推骂，辄自喜渐不为人识。平生亲友，无一字见及，有书与之亦不答，自幸庶几免矣。"苏轼性喜交朋结友，旧时日复一日的应酬、连篇累牍的唱和、鸿儒谈笑的喧嚣已轰然消失。朋友不再，书信全无，他难得轻松自在，也难得清闲孤独。

以"知人论世"为突破口，细细品读后不难发现，《记承天寺夜游》的点睛之笔正是"闲人"二字，"闲"便是赋予全文深厚内涵的文眼。基于此，我构建了这样的教学主要线索：赏闲人—识闲景—品闲情—悟闲愁。一个胸怀大志却遭受打击的闲人，一处澄澈透明、纯美清幽的月景，一份洞察世事、顿悟人生的闲情，间杂着一点儿云淡风轻、淡泊恬静的闲愁。由于对作家和写作背景有了一定程度的了解，学生对文章的理解、对情感的把握、对苏轼形象的解读自然水到渠成。最后总结：好一个闲人！面对人生逆境，他既无悲秋伤月，更无愤懑满怀。少许失意，间有不平；宦海沉浮，淡然对之，人生困苦，却不自苦；他自解自叹、自嘲自乐，"吾侪虽老且穷，而道理贯心肝，忠义填骨髓。直须谈笑于死生之际"。一个超尘脱俗的苏轼形象已然屹立在学生心中。

二、侧重文眼，见微知著

《记承天寺夜游》是一篇散文小品，全文只有80余字，却内涵深厚。文章以极其凝练的语言，将记叙、描写、抒情、议论等多种表达方式穿插其中，为我们展现了一个胸怀大志却遭受打击的闲人，一处澄澈透明、纯美清幽的月景，一份洞察世事、顿悟人生的闲情，不能不说是文简意丰。所以，在教学设计时侧重于文眼的考量，便有了纲举目张、见微知著的效果。

从"闲"字入手，我们很容易感受到苏轼在文章中的情致：入夜便能"解衣欲睡"的清闲；见溶溶月色便"欣然起行"的闲适；月色空明，与友共赏的悠闲，这些都是比较容易把握的情感。在"悟闲愁"环节，我进行了文本补白，补充了其他相关资料。

（1）林语堂在《苏东坡传》里谈道："苏东坡入狱期间，心想事情已然恶化，大概凶多吉少了，便给弟弟子由写了两首诀别诗，其中一首是，'是处青山可埋骨，他年夜雨独伤神。与君世世为兄弟，更结来生未了因。'"

（2）苏轼在《别文甫子辩》中说："仆以元丰三年二月一日至黄州，时家在南都，独与儿子迈（笔者按：东坡长子，苏迈）来，郡中无一人旧识者。"

（3）元丰六年，苏轼还写了一首词《卜算子·黄州定慧院寓居作》："缺月挂疏桐，漏断人初静。谁见幽人独往来，缥缈孤鸿影。　　惊起却回头，有恨无人省。拣尽寒枝不肯栖，寂寞沙洲冷。"

这些补充资料意在帮助学生进一步深层体悟这篇优美的散文，是否含有对苦闷现实的挣扎和超越。

从前文的叙述可以了解，苏轼出事后，朋友们不仅不来信，而且也不回信了。知识分子最怕活在不理智的年代，这样清闲寡淡的人生境遇在一定程度上带给他难以言说的悲凉和孤独。接下来再"悟闲愁"时，学生就有了自己的理解：入夜便"解衣欲睡"只因无事可做；"月色入户，欣然起行"当是忧思入怀，难以成眠；与怀民"相与步于中庭"还读出一些"同是天涯沦落人"的落寞。至此，我再总结：苏轼罹文字狱，被贬黄州，历经四年，近乎流放，心绪难平。然人生颠沛，并不是要剥夺，而是要给予，使他最终能从官场的失意者变为大自然的欣赏者，重新获得精神的复苏和心境的安宁。苏轼成全了黄州，黄州也成全了苏轼。

三、拓展文眼，延读积累

苏轼在承天寺的这次夜游中，透过"闲人"二字，给我们呈现了一种苦中作乐的自嘲，他闲适淡泊，安闲自适。在课堂最后，我设计了拓展延读的环节，进一步补充相关资料，让学生进行互文对读，从作家同时期的更多作品中读出了这种"闲"的意味深长。

（1）莫听穿林打叶声，何妨吟啸且徐行。竹杖芒鞋轻胜马，谁怕？一蓑烟雨任平生。　料峭春风吹酒醒，微冷，山头斜照却相迎。回首向来萧瑟处，归去，也无风雨也无晴。（元丰五年作《定风波·莫听穿林打叶声》）

（2）大江东去，浪淘尽，千古风流人物。故垒西边，人道是，三国周郎赤壁。乱石穿空，惊涛拍岸，卷起千堆雪。江山如画，一时多少豪杰。　遥想公瑾当年，小乔初嫁了，雄姿英发。羽扇纶巾，谈笑间，樯橹灰飞烟灭。故国神游，多情应笑我，早生华发。人生如梦，一尊还酹江月。（元丰五年作《念奴娇·赤壁怀古》）

（3）山下兰芽短浸溪，松间沙路净无泥，萧萧暮雨子规啼。　谁道人生无再少？门前流水尚能西！休将白发唱黄鸡。（元丰五年作《浣溪沙》）

（4）同年，苏轼还完成了前后《赤壁赋》等名篇佳作。

元丰五年，是苏轼高产的一年。林语堂这样评价道："无限的闲暇、美好的风景、诗人敏感的想象、对月夜的倾心、对美酒的迷恋——这些合而为一，便强而有力。"这一年，苏轼的思想转变得更加豁达成熟起来。《念奴娇·赤壁怀古》便是一个转折，"多情应笑我，早生华发。人生如梦，一尊还酹江月"中尚有功业未就、老大未成的忧愤之情，而《定风波》中"莫听穿林打叶声，何妨吟啸且徐行。竹杖芒鞋轻胜马，谁怕？一蓑烟雨任平生……回首向来萧瑟处，归去，也无风雨也无晴"则完全体现了一个正直文人在坎坷人生中旷达超脱的胸襟。他在《浣溪沙》中写道："谁道人生无再少？门前流水尚能西！休将白发唱黄鸡。"这种积极奋发、坦荡乐观的精神，着实让人深受鼓舞。在黄州期间，他自力更生，躬耕田园，自号东坡居士，和平民百姓打成一片，心境变得愈发恬淡成熟。

透过文眼，我们观照了作者的际遇沉浮，更能从多方面解读文章的情感内核。在教学设计的最后，我引用了余秋雨的一段话来总结："成熟是一种明亮而不刺眼的光辉，一种不再需要对别人察言观色的从容，一种终于停止向周围申诉求告的大气，一种不理会哄闹的微笑，一种洗刷了偏激的淡漠，一种无须声张的厚实，一种并不陡峭的高度。"

以上便是我的些许尝试。概括而言，立足于文眼，可以让课堂教学内容深入、集中；从文眼处延伸，可以使课堂内容开阔、丰富；以文眼设计教学思路，可以让课堂更加有情、有味。

当前初中作文教学的思考与探索

程　梅

　　新课标要求初中生写作做到内容具体、感情真挚、条理清楚，适当运用联想和想象，以丰富表达的内容，能具体明确、文从字顺地表述自己的意思，能多角度地观察生活，捕捉事物的特征，力求有创意地表达。作文教学是语文教学的半壁江山，然而长期以来，初中作文教学如同黑夜行路，虽在摸索，却未能走出盲目无序的状态。作为语文教师，面对这样的困境，着实汗颜。我认为，语文教师有责任静下来好好地反思当前的作文教学，为作文教学的发展寻找一条出路。

一、现状与问题

　　学生方面：①写作基础较差，程度参差不齐；②缺乏写作的兴趣，更不用提写作激情，内驱力不足，惧怕写作文，被动写作；③假话、空话、套话在作文中司空见惯，无话可说，无病呻吟，丧失"自我"，缺少浓郁的时代与生活气息；④一味模仿，套用别人文章之风盛行，缺乏个性，缺乏创意。

　　教师方面：①写作水平不高，缺乏相应的理论基础和实践能力；②研究少，对写作教学主观上认识不足，平时所花时间太少，写作前的指导和写作后的讲评准备均不够充分；③教学呈无序化，盲目性、随意性强；④方法技巧指导多，对学生观察生活、思考生活、积累生活的引导少；⑤作文批改忽略价值与效率，教师累却收效微；⑥"和锅煮""大杂烩""一刀切"，忽略了因材施教。

教材方面：①写作序列的内容零散，缺少科学的内在必然联系；②一些写作题目不合现代中学生的口味，学生一看就没有了写作兴趣；③命题作文、话题作文与材料作文等写作知识难觅踪影。

二、初步的尝试

作文教学中，我和大多数语文教师一样，注重阅读积累，让学生抄、赏、背美文，写读书笔记；对学生进行作文技法指导，还编写过顺口溜，如"审题透彻第一关，打开思路是关键（生活、范文搜索看，想四面：因果、对象、时、空间），'三定'要把原则坚（定心、定材、定体裁，熟、优、喜好三镜鉴），文体选择天地宽，巧妙布局和谋篇（思路清、结构巧、技法高，赏心悦目文趣添），语言靓丽文味鲜，文化厚重令人叹，拟题要善'变'，出'首'要不凡，结尾回味三"。

与此同时，我针对作文教学中存在的一些主要问题，从开掘生活本源、引入作文活水及继承与创新、作文批改、分层教学等四个方面进行了一些有益的探索。

（一）作文训练生活化

1. 备生活

寄积累生活于写随笔之中，引导学生关注生活、观察生活、参与生活，用心体验、感悟。教师和学生一起写随笔，并定期朗读自己的随笔，点评学生的随笔，给学生以示范、指导、激励。随笔如"活期储蓄"，随用随取，"存""取"两便。另外，鉴于学生生活的局限性，我经常给学生提供"生活之水"，如嫦娥四号探测器月球背面软着陆、公交司机拾金不昧、外卖小哥雨天助人为乐等。

2. 炼思想

举办"思想论坛"，每周1～2次，围绕近期社会热点、身边的新鲜事等展开讨论。

3. 写生活，即生活式作文

首先，纠正学生中存在的"写生活、写真情实感，就一定是生活实录"的片面认识。接着，针对学生写生活中的人、事容易陷入"空泛"陷阱的实情，进行创设情境作文训练。如引导学生写《今夜月儿圆》时，我通过问题引导学生创设生活情景作文："在这个本应是家人团圆、吃月饼赏月的中秋月夜，月下的你可能看到些什么？可能听到些什么？你可能会有怎样的想法和感受？你可能会有怎样的表现？"在学生通过采访深入了解"绿马夹""公租房""新农合""家电下乡"等政策的基础上，引导学生创设访问或巧遇等生活情景作文。这样一来，收效比较明显，发表在校刊《幸福路上》上的曾维建同学的《新"吉祥三宝"》就是一个有力的明证。

（二）仿创式作文训练

1. 单篇式仿创

指导学生在读、赏《感动》一文的基础上，要求学生针对原文的中间部分，仿"小标题"结构和选材角度，保持事情发生时间不变，将文中的四件事例换成"自我版"事例。

2. 一题多篇式仿创

指导学生写《这就是我》时，笔者分五步进行。第一步，学生写放胆文；第二步，积累寻路，引导学生收集、阅读多篇范文（同题或同类），比较归纳，并找出其中的规律（内容、视角、结构、写法、语言、开头、结尾等方面）；第三步，仿写尝试；第四步，评改反思；第五步，定型创新，先解决两个问题：①重写此题，我该怎么写，才能稳妥地获得高分？②要与众不同，还可怎么写？然后尝试写一篇与众不同的作文。

（三）作文批改，走"学生精改教师粗改"之路

在教给学生评改方法的基础上，首先让学生依评改要求互相评改（两生同评改两篇，评改对象每次不重复），从"美点寻踪"和"温馨提示"（指出不足和修改建议）两方面写下评语；然后教师再评改，给出作文分数，评价学生的评语，对其中一半学生的作文写下简要评语。

（四）分层教学

依写作能力将学生分为优、中、弱三类，指导各有侧重。对于学优生，重在鼓励创新；对于中等生，在规范的同时引导创新；对于学困生，重在激趣和规范，如分数刺激（可打高分）加巧妙鼓励、降低写作难度、听写或抄写范文等。起始阶段，教师手把手地教，向学生提供模仿样板，多做些重视格式的"强制"作文，夯实基础，之后依学生实际情况渐渐提其他写作要求，使其在规范的前提下慢慢突破。

总之，"冰冻三尺非一日之寒"。作文教学之路如何越走越宽，需要语文教师大胆改革，从兴趣和习惯入手，努力给学生创造写作机会，常读、常写、常评，在具体的写作实践中提高写作水平，努力让写作成为学生的需要，成为其人生的一种享受。

第一篇　教学论文

人情景朦胧蒹葭，犹抱琵琶半遮面

——三句话讲《诗经·蒹葭》中的朦胧美

罗 璇

王国维在《人间词话》提到，《诗经·蒹葭》一篇最得风人深致。《蒹葭》以其朦胧之美在《诗三百》中尽得风流。但言语道断，要把《蒹葭》中的景、人与情之朦胧讲通透并非易事，只能意会不能言传的朦胧如何传达给学生呢？我决定挑选在上课的时候引用三句话来讲《诗经·蒹葭》中的朦胧美。

景朦胧：

我喜欢雾里的花。在雾里看花朦朦胧胧的，非常好看。模糊一点，朦胧一点。带着一点自我的幻想来看，才是美丽的。

——琼瑶

《蒹葭》一诗中选取了几个暮秋时节的特有意象，用蒹葭、白露、白霜、烟波挥就了一幅朦胧神秘的淡雅山水画。

"蒹葭苍苍。"蒹葭即芦苇，长在秋季，点明了季节。而秋季又是一个凄清寂寥的季节，烘托主人公怅惘的情感与绵远悠长的思念。深秋摇曳的茸茸芦穗，萋萋采采，如羽毛繁密，随风起伏，袅袅摇摆，又在清晨的雾氤氲下更添一番朦胧。

"白露为霜。"清露坠素辉，茫茫白露凝成霜，一颗颗晶莹的露珠，映着初升秋阳的淡淡光辉。

"所谓伊人，在水一方。"主人公和伊人始终隔着一道水，这水不是"潮平两岸阔"的万顷碧波，而是笼罩在清晨的雾里，浩浩渺渺，朦胧中什么也看不真切的水。古人常用"烟波"来形容水，如崔颢的《黄鹤楼》中"烟波江上使人愁"和柳永的《雨霖铃》中"念去去千里烟波"等。

烟波茫茫芦苇花，如霜如羽影绰绰。《蒹葭》把暮秋之景与人物追索不止又委婉惆怅的相思感情交织在一起，创造了一个扑朔迷离、情景交融的意境。

人朦胧：

也许每一个男子全都有过这样的两个女人，至少两个。娶了红玫瑰，久而久之，红的变了墙上的一抹蚊子血，白的还是"床前明月光"；娶了白玫瑰，白的便是衣服上沾的一粒饭黏子，红的却是心口上一颗朱砂痣。

——张爱玲

我把张爱玲的这句话讲给学生听，他们曾听过红玫瑰和白玫瑰的故事，只是不知道隐含的意思。讲完"蚊子血"与"白月光"，同时让他们试着猜一猜下一句会是什么，学生的兴趣极大。听完讲解，立刻就有学生喊出了其主旨——得不到的才是最美的。

秋晨雾霭，烟水迷离的苍凉幽缈的朦胧之景犹如人间仙境，"伊人"也自带一身仙气。

"伊人"的面容、身形从头到尾不着一字，但她的美好形象却尽得风流。那是因为她永远都若即若离、飘忽不定，永远都是可望而不可即。

为什么"伊人"会如此美好？正是因为朦胧，因为距离。人世间越是追求不到的东西，越是觉得它可贵，爱情尤其如此。

正是因为靠近不了，得不到，所以"伊人"在主人公心中只会越发地高洁与向往。

"伊人"所指，是美人，是贤者，是志向，抑或是境遇，都可以。因为它已经成为那美好的、遥远的，势必要溯洄从之、溯游寻之地寻踪觅迹，虽途经道阻且长、道阻且右的艰难险阻，但依旧可望而不可即。

情朦胧：

人生有八苦，生、老、病、死、怨憎会、爱别离、求不得、五阴炽盛！

——《佛经》

钱锺书在《管锥编》中曾说："夫悦之必求之，然惟可见而不可求，则慕悦益至。"

慕悦益至，却求而不得，对"伊人"之情更是如痴如醉、魂牵梦萦。

第一篇 教学论文

这样的情感可谓又苦又甜，既有日思夜梦、神魂颠倒的痴迷之喜，又有不可企及的黯然销魂之苦。

望尘莫及的"伊人"，略带神秘、哀伤的朦胧情意，而主人公却是义无反顾、矢志不渝地追求到底，这份情便更意味悠长、引人遐思了。

蒹葭因为这首诗染上了千年的朦胧美，因为这首诗里的朦胧迷离之美留下了无尽想象，永远走近不了，却永远留存一丝希望。重章叠唱中一咏三叹，回环往复，思念更是一层更比一层浓郁。思而不得，求而难见，才有这朦胧飘逸"犹抱琵琶半遮面"的艺术情趣。

📖 参考文献

[1] 曲黎敏.诗经：越古老，越美好 [M].南京：江苏凤凰文艺出版社，2016.

[2] 辛然.我生之初尚无为——诗经中的美丽与哀愁 [M].西安：陕西师范大学出版社，2011.

[3] 周啸天.诗经楚辞鉴赏辞典 [M].北京：商务印书馆，2012.

群文阅读视野下的"鲁迅形象"

——以人教版和部编版中小学语文教材为例

范妍妍

群文阅读教学是近年来阅读教学模式的新探索。一般认为，群文阅读要抓住两个关键词，即"群文"和"议题"。"先选定议题，再从课内外选择适合的文本，进行多文本的教学实践。"① 群文阅读"是指师生以一个话题为中心选择一组文章，围绕这个话题进行阅读讨论，所有人各抒己见，最终获得一个普遍受认可的结果"。② 也就是说，群文阅读是围绕某个探讨性的议题，选取多个和中心议题息息相关的文本，进行细读，整合文本。师生围绕着中心议题，在教师的引导下，学生进行自主合作探究，由师生一起共同构建自己的文本阅读经验。因此，群文阅读有其开放性、主体性、整体性的特点③。也就是说，通过开放性的文本，学生在其中进行自主探究，激发学生的主体性，让学生有自己的阅读审美体验，最终在思维整合过程中形成对中心议题独到而整体性的观点。

鲁迅已然成了当代社会中的一种文化符号，"符号代表或者表征我们的各种概念、观念和情感，以使别人用与我们表现它时大致相同的路数来读出、

---

① 赵镜中.从"教课文"到"教阅读"［J］.小学语文教师，2010（5）：16.
② 陶秀芳.浅议小学语文教学中群文阅读的策略［J］.科学导报，2014（1）：74.
③ 柏亚群.初中语文群文阅读教学研究［J］.南京师范大学，2017（5）：9.

译解或阐释其意义"①。那么根据这一符号学理论，鲁迅的作品、鲁迅的形象在其产生之后，各种意义在不断产生和循环，从而形成如今我们所看到"鲁迅"这个文化符号，而且"意义与其说是被发现的，不如说是被生产（建构）出来的"②。鲁迅的形象是丰富复杂的，在已有的关于"鲁迅形象"的研究中可以发现，鲁迅是一个多面、立体，甚至矛盾的形象："启蒙主义鲁迅""民主战士鲁迅""存在主义鲁迅""反抗绝望鲁迅"，甚至出现了与前者自相矛盾的"自由主义的激进主义者鲁迅"③。学术界在不同历史背景下生产（建构）出不同的"鲁迅形象"。

在这样的学术研究背景下，本文将以深圳市中小学语文教材④为例，探索群文阅读视野下的"鲁迅形象"⑤，探究从小学六年级至九年级这几个学段中"鲁迅形象"的特征，并以此为基点，探究"鲁迅形象"在群文阅读课堂的设计。一方面进一步探讨中小学语文教材中的"鲁迅形象"，也为当下群文阅读研究提供一种路径。

深圳市2016级的初中生，其小学阶段所用的教材为人教版语文教材，他们初识鲁迅是在六年级上学期。这一单元选入的鲁迅的作品和与鲁迅相关的作品有《少年闰土》《我的伯父鲁迅先生》（在本篇课文后的附录中，还选了萧红的《回忆鲁迅先生》的片段和巴金的《永远不能忘记的事》）、《一面》和《有的人》。从这些选入的篇目内容来看，我们可以将其分为两类：作为令人

---

① 斯图尔特·霍尔.表征——文化表象和意指实践［C］.徐亮，陆兴华，译.北京：商务印书馆，2003.

② 斯图尔特·霍尔.表征——文化表象和意指实践［C］.徐亮，陆兴华，译.北京：商务印书馆，2003.

③ 邱焕星."多个鲁迅"与鲁迅研究的历史批判［J］鲁迅研究月刊，2010（6）.

④ 本文将研究的学生群体定位为2016级初中生，他们在小学（一至六年级）所用教材为人民教育出版社出版（人教版），而到了初中，深圳市开始用2016年部编版语文教材.

⑤ 根据文学叙事理论，在文学叙事结构中，"所谓叙事角色是指叙述者与文学角色的关系，即谁是发话人。叙述者可以是情节中的人物，即故事的参与者，也就是第一人称的我"。因此在本文的鲁迅形象界定中，既包括散文叙事中的"我"，也包括《呐喊》等小说中的叙事者的"迅哥"，以及作为作家身份的叙述者鲁迅。参见：杨春时.文学理论新编［M］.北京：北京大学出版社，2009：211.

尊敬的文学家、思想家、革命家伟岸的鲁迅形象；另一类则是散文中的"我"或者小说中的作为"迅哥"的"我"，即天真可爱的少年鲁迅形象。

在本单元提示中，教材首先为学生树立了一位伟大文学家的鲁迅形象："我国有这样一位大文豪。"① 与此同时，单元提示中也选取了《一面》的片段，从日常生活出发，通过细节描写来描摹鲁迅的概貌："他时常穿一件朴素的中式长衫，短短的头发刷子似的直竖着，浓密的胡须成一个隶书的'一'字……"② 这些简单的概述，为六年级的小学生勾勒出一位严肃、朴素的长者形象。在《少年闰土》的课后提示中，编者对鲁迅的评价是："鲁迅以笔为武器，战斗了一生，被誉为'民族魂'，毛泽东评价他是伟大的文学家、革命家和思想家，是中国文化革命主将。"③ 在小学生初识鲁迅的时候，鲁迅的形象的宏大伟岸的，此时的鲁迅倾向于"启蒙主义鲁迅""民主战士鲁迅"的形象。但编者似乎又想把视角拉低，把自己想象成10来岁的孩童，以儿童的视角来观察鲁迅形象。例如《我的伯父鲁迅先生》中，鲁迅是一位委婉告诫孩子要细心读书的慈祥长辈，是幽默风趣和儿童说笑的大人，是关心下层劳动人民、热爱工作的文学家；在《一面》和《回忆鲁迅先生》的片段中，鲁迅是一位关爱青年、意志坚定的导师形象；在现代诗歌《有的人》和巴金的回忆散文《永远不能忘记的事》中，鲁迅是"俯首甘为孺子牛"民主战士，是深入人心、人人爱戴的伟人，绽放着"永远活在人民心间"永恒的光芒。我们从群文阅读这个视角出发，如果把鲁迅的这些文本作为解读鲁迅形象这一议题的群文，那么"鲁迅的形象"是一个由启蒙主义导师逐步上升为人人爱戴的民主革命战士。

而另一类文本则是作为天真可爱的少年鲁迅的形象，似乎"我"的形象并不鲜明，只是在鲁迅富有深意的只言片语中透露出"我"的人生经历："那时，我的父亲还在世，家景也好，我正是一个少爷。""我于是日日盼望新

---

① 课程教材研究所，小学语文课程教材研究开发中心.语文——义务教育课程标准实验教科书（六上）[M].北京：人民教育出版社，2006（10）：75.

② 课程教材研究所，小学语文课程教材研究开发中心.语文——义务教育课程标准实验教科书（六上）[M].北京：人民教育出版社，2006（10）：75.

③ 课程教材研究所，小学语文课程教材研究开发中心.语文——义务教育课程标准实验教科书（六上）[M].北京：人民教育出版社，2006（10）：80.

第一篇

教学论文

年，新年到，闰土也就到了。""我"与闰土分别时，"我急得大哭"。[①] 从这些只言片语中，如果把文中的"迅哥"和鲁迅的人生经历结合起来，我们可以窥探出少年鲁迅的天真可爱，以及家道中落的故事背景。然而对于小学生来说，这些可能恰恰是一种留有空白的想象空间，这里的空白恰恰可以成为日后初中语文教学中进行群文阅读教学的切入点。

因此，在小学生在六年级时初识鲁迅后，对鲁迅的印象大体是伟大、严肃，似乎高高在上，和学生们有着很大的距离，但是他的少年时期也和小学生们一样，有着自己的天真乐趣。

到了初中，这批学生则带着这样的知识背景以及对鲁迅的简单印象进入部编版的初中语文学习。而在部编版（至今只出版七、八年级）的初中语文教材中，每个学期都会出现鲁迅或者有关鲁迅的文章，这不得不让我们思考，在初中语文教学当中，我们应该如何衔接人教版与部编版的鲁迅形象。

部编版的七、八年级语文教材中选编了鲁迅的散文《从百草园到三味书屋》，并将《朝花夕拾》作为该学期的名著导读，名著导读的选篇是《五猖会》。七年级下册选入《阿长与<山海经>》以及自读课文萧红的《回忆鲁迅先生》，八年级上册选入《藤野先生》，八年级下册学习的则是小说《社戏》。

值得注意的是，部编版七、八年级语文教材中关于"鲁迅形象"的文本，恰好是对人教版六年级"初识鲁迅"的一个补充。编者把重点放在对少年鲁迅形象的塑造上，而从成人视角出发的鲁迅形象则只有一篇萧红的《回忆鲁迅先生》。部编版的七、八年级语文教材中，一共出现了《朝花夕拾》中的四篇文章（《从百草园到三味书屋》《五猖会》《阿长与〈山海经〉》《藤野先生》），以及小说《社戏》。如果我们把这几篇散文当作一个统一的群文来看，可以发现少年的鲁迅家境不错，"我家后面有一个很大的园，相传叫百草园"。[②]"我"经常去那里玩耍，百草园是"我"童年时期的乐园。家里也有

---

① 课程教材研究所，小学语文课程教材研究开发中心.语文——义务教育课程标准实验教科书（六上）［M］.北京：人民教育出版社，2006（10）：76-79.

② 教育部组织编写.语文——义务教育教科书（七上）［M］.北京：人民教育出版社，2016：38.

一个虽然不识字但是也十分善良的保姆——长妈妈，她会像大人一样絮絮叨叨地约束"我"，跟"我"讲迷信的故事，她也会给"我"讲新奇恐怖的美女蛇的故事，更重要的是她千辛万苦帮"我"买到了"我""渴慕已久"的《山海经》。在"我"的童年，"我"有时候可以和"母亲"一起回平桥村省亲，和那里的双喜、桂生、阿发这些小伙伴玩耍、看社戏，感受像"六一公公"那样朴实良善的人。但小时候的"我"也不尽然都是快乐的时光，"我"要在三味书屋里学习，有严厉的寿镜吾老先生，要咿咿呀呀地背着书，好不容易盼到能去看五猖会的时候，严格的父亲却要"我"在他面前背诵《鉴略》。"我"战战兢兢，以至于三十年后的"我"倒不记得当时的五猖会，只记得那时背书的情景。等"我"再大一点儿，到了青年的时候，便去日本留学读医。在东京，"我"见到了不学无术的"清国留学生"，很是失望，于是离开东京去往仙台学医学。"我"遇到了藤野先生，他治学严谨，真诚待人，生活不拘小节，毫无民族偏见。然而，"我"在日本的这段经历，尤其是"幻灯片"事件直接刺激了"我"，也改变了"我"先前"治病救人"的志向，我决定"弃医从文"，想要用文学的方式"揭出病苦，引起疗救的注意"。①

鲁迅曾自述："所以我的取材，多采自病态社会的不幸的人们中。意思是在揭出病苦，引起疗救的注意。"② 从人教版的小学语文教材衔接到部编版的七、八年级的语文教材，还有一条关键性的环节没有出现，那就是鲁迅所想要揭露出的病苦、病态社会中不幸的人们又是怎么样的。我猜测，这些内容应该会在九年级的教材内容中出现。由于部编版的九年级教材还没出版，因此不妨参照人教版初中教材的编排，九年级一共选入了两篇鲁迅的小说，即《故乡》和《孔乙己》。而这些文章恰好可以成为鲁迅笔下"病体中国"的表现。小学六年级课本里出现的《少年闰土》只是小说《故乡》中的片段，到了三年后的九年级，教材编者呈现给学生的是完整的《故乡》，记忆（一个是鲁迅记忆中的，另一层也是指作为读者的学生记忆）中的少年闰土是这样的："深蓝的天空中挂着一轮金黄的圆月，下面是海边的沙地，都种着一望无际的碧绿的

① 鲁迅.鲁迅全集（第四卷）［M］.北京：人民出版社，1981：512.
② 鲁迅.鲁迅全集（第四卷）［M］.北京：人民出版社，1981：512.

西瓜，其间有一个十一二岁的少年。"① 天真活泼，灵气十足，"闰土的心里有无穷无尽的稀奇的事，都是我往常的朋友所不知道的"。而此时完整版的《故乡》里所描述的中年闰土却是这样的："他身材增加了一倍；先前的紫色的圆脸，已经变作灰黄，而且加上了很深的皱纹；眼睛也像他父亲一样，周围都肿得通红……他头上是一顶破毡帽，身上只一件极薄的棉衣，浑身瑟缩着；手里提着一个纸包和一支长烟管，那手也不是我所记得的红活圆实的手，却又粗又笨而且开裂，像是松树皮了。"② 其实外表的变化还不足以引起"我"的震惊，但当闰土见到"我"的时候，分明的叫道："'老爷！……'我似乎打了一个寒噤；我就知道，我们之间已经隔了一层可悲的厚障壁了。我也说不出话。"③ 这里的"厚障壁"不仅仅是成年后的"我"和闰土之间的情感隔阂，更是指破败的乡村——故乡仍然存在着封建等级的尊卑观念，这是当时的鲁迅一代知识分子所看到的病态中国的表征之一。如果说《故乡》主要写的是乡村农民的故事，那么在另一篇小说《孔乙己》中，"一个像孔乙己这样的读书人，一个苦人和弱者，在当时是怎样的命运呢"，这个文本则叙述的是病态中国下知识分子的命运。孔乙己们在封建科举制度的毒害下，精神上迂腐不堪、麻木不仁，生活上四体不勤、穷困潦倒，在人们的嘲笑戏谑中度日，最后被封建地主阶级所吞噬。因此，《故乡》中以闰土为代表的麻木不仁的农民形象，以及《孔乙己》中迂腐不堪的知识分子形象，共同表征这病体中国的群像。

那么，我们回到"鲁迅形象"这个议题上来，作为写作者，鲁迅在这些病体中国人群像中所寄托的情感是"哀其不幸，怒其不争"的矛盾心态，这个在《藤野先生》中也有体现：鲁迅在东京看到"清国留学生"时，为自己的同胞感到失望，在仙台受到"优待"，收到匿名信，所以鲁迅才有极具讽刺与无

① 教育部组织编写.语文——义务教育课程标准实验教科书（九上）［M］.北京：人民教育出版社，2006（10）：56.

② 教育部组织编写.语文——义务教育课程标准实验教科书（九上）［M］.北京：人民教育出版社，2006（10）：57.

③ 教育部组织编写.语文——义务教育课程标准实验教科书（九上）［M］.北京：人民教育出版社，2006（10）：20.

奈意味的感叹："中国是弱国，所以中国人当然是低能儿。"①最终在"幻灯片事件"的刺激下，"在那时那地，我的意见却变了"②，"觉得医学并非一件紧要事，凡是愚弱的国民，即使体格如何健全，如何茁壮，也只能做毫无意义的示众的材料和看客"③。所以，以《故乡》《孔乙己》等小说为代表，所呈现出的"愚弱的国民"折射出的病体中国相，与鲁迅"弃医从文"的转向对接起来。

至此，通过这几篇文章的群文阅读途径，我们可以把鲁迅少年至青年的经历以及形象简单地勾勒出来，也可以有一个较为清晰的思路：鲁迅从天真可爱的少年逐步演化为"弃医从文"的有着民族情怀的文学家。而当鲁迅过世之后，除去鲁迅自身的作品可以诠释"鲁迅形象"外，他者眼里的鲁迅也成了另一维度的"鲁迅形象"。这个时候就可以回应萧红的《回忆鲁迅先生》，以及小学课本里曾经读过的《我的伯父鲁迅先生》《一面》这些篇目所塑造的慈祥、呵护孩子、关爱青年的"鲁迅形象"，以及巴金《永远不能忘记的事》《有的人》中所赞颂的人人爱戴的伟大革命战士"鲁迅形象"。

因此，如果把群文阅读作为一种研究的路径，并运用到语文教学当中，具体而言，即创设出关于"鲁迅形象"的探究课程。把"我眼中的鲁迅形象"设置为一种开放性的议题，选取中小学教材中出现过的鲁迅作品以及与鲁迅有关的文章，作为群文阅读文本，让学生进行自主探究式的活动。在多种文本互相补充式阅读中，以及教师的引导下，学生可以自己总结出鲁迅形象的不同维度，从而更加全面、深入地了解鲁迅，也让学生对鲁迅不再有"三怕周树人"的尴尬，消除学生对鲁迅经典的隔膜，让学生对鲁迅文本阅读产生真正的兴趣，传承"鲁迅精神"。

---

① 教育部组织编写.语文——义务教育教科书（七上）［M］.北京：人民教育出版社，2016：24.

② 教育部组织编写.语文——义务教育教科书（七上）［M］.北京：人民教育出版社，2016：24.

③ 鲁迅.鲁迅全集（第四卷）［M］.北京：人民出版社，1981：512.

参考文献

［1］赵镜中.从"教课文"到"教阅读"［J］.小学语文教师，2010.

［2］陶秀芳.浅议小学语文教学中群文阅读的策略［J］.科学导报，2014.

［3］柏亚群.初中语文群文阅读教学研究.［J］.南京师范大学，2017.

［4］姚旭.鲁迅形象在中学语文教学中的嬗变［J］.哈尔滨师范大学，2015.

［5］斯图尔特·霍尔.表征——文化表象和意指实践［M］.徐亮，陆兴华，译.北京：商务印书馆，2003.

［6］邱焕星."多个鲁迅"与鲁迅研究的历史批判［J］.鲁迅研究月刊，2010.

［7］杨春时.文学理论新编［M］.北京：北京大学出版社，2009.

［8］课程教材研究所，小学语文课程教材研究开发中心.语文——义务教育课程标准实验教科书（六上）［M］.北京：人民教育出版社，2006.

［9］教育部组织编写.语文——义务教育教科书（七上）［M］.北京：人民教育出版，2016.

［10］教育部组织编写.语文——义务教育教科书（七下）［M］.北京：人民教育出版社，2016.

［11］教育部组织编写.语文——义务教育教科书（八上）［M］.北京：人民教育出版社，2016.

［12］教育部组织编写.语文——义务教育教科书（八下）北京：人民教育出版社，2016.

［13］教育部组织编写.语文——义务教育课程标准实验教科书（九上）［M］.北京：人民教育出版社，2006.

［14］教育部组织编写.语文——义务教育课程标准实验教科书（九下）［M］.北京：人民教育出版社，2006.

［15］鲁迅.鲁迅全集.［M］.北京：人民出版社，1981.

浅谈《中国诗词大会》对初中语文教学的启示

陈 媛

　　《中国诗词大会》是中央电视台继《中国汉字听写大会》《中国成语大会》《中国谜语大会》之后，由中央电视台科教频道自主研发的一档大型演播室文化益智节目。节目以"赏中华诗词、寻文化基因、品生活之美"为基本宗旨，力求通过对诗词知识的比拼及赏析，带动全民重温那些曾经学过的古诗词，分享诗词之美，感受诗词之趣，从古人的智慧和情怀中汲取营养，涵养心灵。

　　一方面，节目的播出引起了社会广泛关注，重燃了社会学习古诗词的热情，营造了良好的学习古诗词的环境；另一方面，也引发了语文教师对于古诗词教学的思考。

　　古诗词是传承中华民族优秀历史文化、优秀文人品质的重要载体，已成为中学语文教材的重要内容。古诗词教学是中学语文的一大难点。我认为，文化类节目中的一些形式可以移植到语文课堂教学中，让古诗词教学焕发生机。因此，本文将以《中国诗词大会》为切入点，探讨文化类节目与古诗词教学的关系，意在将诗词大会中的成功经验借鉴到语文古诗词教学中，并根据诗词大会中一些选手答题时暴露出来的问题，分析其原因，为诗词教学提供新思路。

一、从《中国诗词大会》节目选手暴露的问题反思初中古诗词教学

1. 混淆字音字形

节目中有一类题型，从九宫格或十二宫格中所呈现的汉字中识别一句诗

第一篇 教学论文

以及将诗词中所缺的字补充完整。这类题目除了考查选手诗词量的积累，同时还间接考查了选手对字形的掌握。在第二季的节目中，出现了"（娉娉袅袅）十三余，豆蔻梢头二月初"的题目，选手将"娉"写成"频"，将"袅"写成"鸟"。在第一季中，一名选手答"劝君更（　　　）一杯酒"时，在"尽"和"进"中犹豫了半天，最终选择了"进"。

随着电子产品的广泛使用以及智能化输入法的普及，人们用笔书写的机会大大减少，"提笔忘字"的现象广泛存在。中学生作业主要还是用笔书写的形式，但手机、电脑高频率的使用，还是让不少学生出现"失写症"，简单的字容易混淆，复杂的字形记不住，古诗词默写常出现"错别字"。在古诗词教学中，教师应该把字音、字形贯穿其中，在研读文本过程中提炼字句，督促学生反复记忆、反复书写。

2. 缺乏对诗词背景的深刻理解

节目中的大多数参赛选手虽有着丰富的诗词积累，但通过分析他们答题的失误之处可以发现一些问题，其中最明显的就是"知其然，不知其所以然"。如在第二季第五期中，王若西在回答"脚着谢公屐，身登青云梯"中的"谢公"指的是谁时出现了错误，正确的答案应为谢灵运。在古诗词教学中也存在这样的情况，由于教师对诗词背后的知识挖掘不够，缺乏备课的深度和广度，在课堂上只重视基本的写作背景串讲，如对作者生平和诗词内容的简单介绍，没有对诗词相关的内容加以补充，尤其是对诗词中典故的串讲缺乏深度，对知识的融会贯通不够，导致诗词教学单一、乏味，成效不高。正如董卿所说："学习诗词，背诗是第一步，懂是第二步，滋养心灵才是目的。"

二、初中古诗词教学现状

《中国诗词大会》汇聚了众多诗词爱好者，他们的诗词储备丰富，但在比赛中仍暴露不少问题。我认为，当前古诗词教学也存在许多问题。

初中阶段，新课标对学生没有学习鉴赏古诗的明确要求，也没有课外古诗词的考查。以深圳市语文中考古诗词题型为例，仅有两道理解性默写题，通常难度也不大。故教师将大量时间精力投入到学生的背诵默写上，避免默写失分。这往往给学生造成错误的观念，认为学习古诗就是背诵古诗，想学好古诗就只有通过机械背诵和默写，而忽略了对古诗背后情感性和文学性的美的鉴赏。

三、《中国诗词大会》对初中古诗词教学的启示

1. 提高教师自身专业素养

在《中国诗词大会》节目中，除了选手的精彩表现令人称赞外，主持人的控场能力和嘉宾的精彩讲解也让人印象深刻。以嘉宾为例，他们的点评有的极具知识性，有的包含深刻的历史文化内涵。通过他们的解读，观众更好地领略到古诗词的魅力。作为教师，也应该通过对古诗词的不断学习积累，提高自身的专业素养，为古诗词教学注入源源不断的新鲜活水。

2. 丰富课堂教学形式

教师在课堂教学中除了可以对古诗词进行鉴赏外，也可借鉴《中国诗词大会》的节目形式，通过竞赛的方式提高学生对古诗词的兴趣。学生在掌握一定量的诗词后，可通过九宫格选词、火眼金睛、飞花令等形式进行复习总结和考查。学生在这样紧张又有趣的竞赛氛围中不断回顾、学习与强化，慢慢感受古诗词的魅力。

四、结语

《中国诗词大会》的热播唤起了全国观众学习古诗词的热情，也引起广大教师对古诗词教学的反思。节目有许多值得古诗词教学借鉴的方面，如主持人及嘉宾深厚的知识储备昭示着语文教师必须不断提高自身文化素养，丰富课堂教学模式，调动学生的积极性和主动性，方能更好地传承古典文化。

第一篇 教学论文

对语文自主学习的一点看法

陈 颖

2011版语文课程标准指出，应积极倡导自主、合作、探究的学习方式，强调语文课程尊重学生主体和联系生活。这一理念很快在基础教育的课堂中得以实行。然而根据我的实习经验及调查，目前的合作学习仍存在三大误区，即合作学习流于形式、合作学习缺乏有效性、合作学习缺乏科学合理的评价体系。

合作流于形式的原因在于教师理论准备的不足，致使所提问题过于简单或复杂、时间安排或长或短、问题脱离学习目标等。教师理论准备不足的原因在于合作学习作为一种学习方式被提出来，这种方式的提出最早来自国外。语文教师对合作理论不够了解，至少自己没有经历过，使理论内化产生困难。教师难以摆脱传统观念的束缚，合作小组在面对假设问题时，还有一部分陷入独立思考，还有一部分陷入偏离主题的玩闹。我特别强调问题的设计，"既要考虑共性的内容和共性的解读，又要兼顾学生个性的理解；既要关注静态的知识点，又要关注动态的生成点；探究的内容还要有层次和梯度，既要最大限度地发挥学生的积极性，又要让学生在快乐认知中领悟和发现"。

合作学习缺乏有效性的原因在于学生的参与度不均衡，以及教师切入指导的盲目。正如上面所讲，部分教师无法摆脱传统观念的束缚，学生也会发生这种情况，无法摆脱传统学习方式的学生主要在初高中段，这使得部分学生成为合作的"多余人"。教师的切入指导指的是教师主导作用的发挥，是针对教师角色边缘化提出来的。"教师的有效指导变成盲目指导甚至不指导，整堂课失去的是教师有价值的引导及智慧启迪、思维点拨的神圣职责，这样的课改则是从一个极端走向另一个极端。"教师作为心智成熟的成年人，在阅读理解、对话技巧等方面优于学生，要营造合作学习的氛围，点拨合作学习的技能，提高学生主体参与度。

最后要指出评价的不足。评价的意义自不必赘述，我们目前对评价的诟病却不得不说。其一，评价左右着课程与教学；其二，语文课程与教学严重应试化。在合作学习中，评价忽视了个体的全面发展而过多地停留在小组整体上，评价关注小组学习的结果而忽视了学生学习的过程。另一方面我们也要看到，除学生成绩外的其他项目难以量化与教师合作素养之间的矛盾。现在提倡的是赏识教育，小组合作学习评价则要把个人间的竞争转变为小组间的竞争，把个人得分转变为小组得分，把结果参数转变成过程结果的综合参数，还要把小组成员的主体参与度、合作意识、合作技能作为参考依据，目的是使评价的功能由侧重甄别选拔转向侧重发展进步。

综上所述，我根据自身的教学经验以及参考一线教师的著述，对自我理解的合作学习中的误区及一些原因和解决策略进行了简单地分析。我深知合作学习在学校的实际操作中困难重重，希望能看到更多的关于合作学习的优秀的课堂实录。

窥一斑而知全豹

——从《茅屋为秋风所破歌》中感受杜甫的"沉郁顿挫"之美

李雪

俄国的别林斯基曾说："任何一个诗人也不能由于他自己和靠描写他自己而伟大，不论是描写他本身的痛苦，或者描写他本身的幸福。任何伟大诗人之所以伟大，是因为他们的痛苦和幸福的根子深深地伸进了社会和历史的土壤里，因为他是社会、时代、人类的器官和代表。"这段话生动阐释了伟大诗人之所以伟大的原因。作为一个生活在唐王朝由盛转衰的诗人，杜甫亲眼目睹了社会动荡、政治黑暗带给百姓的灾难，他的诗也多着墨于此，因此被后人奉为"诗史"。杜甫一生命运多舛，经历坎坷，面对人生的逆境，他仍保持一颗忧国忧民的士子之心，因国家而喟叹，为万民而高呼。这是一个文人的自觉，也是文坛之大幸。人存活在世界上有各种各样的审美感受，杜甫将其对于世界的看法，文人的情怀尽书于笔下。正如郭沫若所说："世上疮痍，诗中圣哲；民间疾苦，笔底波澜。"杜甫的济世情怀成就了他"沉郁顿挫"的诗风。

"沉郁顿挫"一词本是分开使用的，它们的连用来自杜甫所作的《进雕赋表》："臣幸赖先臣绪业，自七岁所缀诗笔，向四十载矣，约千有余篇……倘使执先祖之故事，拔泥涂之久辱，则臣之述作，虽不足以鼓吹《六经》，先鸣数子，至于沉郁顿挫，随时敏捷，扬雄、枚皋之流，庶可企及也。"自从杜甫本人提出"沉郁顿挫"一词后，后人也将其公认为杜甫的诗风。虽然学术界对于"沉郁顿挫"的阐释多有不同，但就其字词本意来讲，无外乎是情感深沉和意境深厚两个方面。下面以《茅屋为秋风所破歌》为例，浅谈"沉郁顿挫"在杜甫诗中的体现。

初读诗题，让人不禁玩味；细细咀嚼，不免让人有疑：茅屋被秋风吹破是生活中平常之事，是什么样的内心活动拨动了作者的心弦，让他"歌诗一首"呢？

　　细品诗歌之后不难发现，这样一个有趣的题目中凝聚了作者心中的所思所感，那么哪个字最能体现呢？破！

　　诗歌开篇用写实的手法，描绘出茅屋被秋风吹破的画面，画面感极强。凝练的笔法让人仿佛置身于画面之中，直视声势浩大的秋风，满载自然之力摧毁一个老者的栖身之所。由"茅飞渡江洒江郊，高者挂罥长林梢，下者飘转沉塘坳"这几句可以看出，作者应该是处于一种静态的观察者的角色，将整个混乱的场景收入眼中，看那茅草随着劲风或高挂于枝头，或沉没于池塘。此时的作者内心起伏并不大，可能在修筑茅屋之初就已做好了心理准备，也有可能是此番情景已多次出现。正如他在《梅雨》中所说："湛湛长江去，冥冥细雨来。茅茨疏易湿，云雾密难开。"面对这样的情况，只须稍待片刻，拾起余茅再次修缮就好，故而能做到淡定面对了。

　　这样的淡定没有维持多久，在面对顽童的"趁火打劫"时，他却真的动了肝火。"南村群童欺我老无力，忍能对面为盗贼。"句中看似因顽童抱走茅草而生气，细品下来可以发现，"欺"字更多折射出作者的内心世界。这个字包含有上对下、强对弱的势力对峙，当杜甫用"欺"字来体现自己的弱势地位，并且是与顽童之间的悬殊，这样的年龄差距体现的力量矛盾更多地突出了杜甫内心是充满无助感的。诗歌到此，作者的情感开始出现起伏，他生气了！他跟自己生气，恨自己老迈年高、生活无依、一事无成，面对孩童的抢夺，他无力改变，唯有"倚杖自叹息"。"叹息"是指因忧闷悲痛而呼出长气，在《说文解字》中是这样解释的："忧，愁也。"这是一种长时间的内心折磨才会有的情感体验。由此可见，孩童抢茅作为一起突发事件，更多的是让作者的情绪受到影响，表现为"唇焦口燥"，并没有让作者生成愁绪的条件。作者之"叹"，更多是在叹长久郁结于胸的事。那么，究竟什么事呢？诗歌当中是有回答的。"自经丧乱少睡眠，长夜沾湿何由彻！"这句话就是答案。自从安史之乱，作者就长期失眠，面对国家动荡、山河破碎、百姓流离失所，他彻夜难眠已成为一种常态。如今生活又给他当头一棒，暴风雨让他"床头屋漏无干处，雨脚如麻未断绝"。而那些抢夺茅草的孩子，难道不是因为自家的房子也破漏了吗？在这样的大雨之夜，他无法安睡，想必那些百姓也是一样吧。

个人的破落家境，百姓的破败家园，国家的山河破碎，内容的一唱三叹让他的沉郁之情在反复低吟中浮出水面。杜甫渴望阻止战乱，无奈年老无力，只余下满腔的无奈与愤懑，这是一种灵魂的煎熬，煎熬之下烹煮出来壮大、深厚、悲慨的情感。至此，诗人的内心如沉在谷底一般，也为接下来的高呼蓄势。他高呼"安得广厦千万间，大庇天下寒士俱欢颜"，表达着舍己为人的情怀。一种"荡气回肠"的义气彰显着文人士大夫的襟怀，也更加深了"沉郁顿挫"之悲剧美。

"现实生活中因人生失意引起的悲是强烈的痛感，是忧郁与悲伤，这不是美。""以悲为美"需要把握与理解，且只有理解才能超越。杜甫之所以伟大，就是因为他将自己"痛苦的根子"深深地伸进了社会和历史的土壤中，并将这些苦痛与不幸用诗歌艺术的形式呈现出来，所以他的诗被称作"诗史"，而他本人也成为当之无愧的"诗圣"！

品读《破阵子·为陈同甫赋壮词以寄之》

——思考我的诗词课堂

崔维刚

依据《中学语文教学大纲》的要求，朗读教学应该贯穿整个初中语文始终。听、说、读、写，朗读是读的基础，是说的基础。抓好朗读，实际上也就抓住了听、说、读、写的关键。著名特级教师孙双全曾指出："书声琅琅应当成为一堂好课的首要特征。"同样，语文大师于漪老师也说："要反复诵读，把无声的文字变成有声的语言，读出情感，读出气势，如出自己之口，如出自己之心。"

诗词文学从小学低年级就已经开始走进语文课堂，关于中华诗词文化对学生学习成长的重要性以及诸多意义早已无需赘论，但是如何让这些经典诗歌真正走进学生的心里，从课堂教学来看无疑是深深困扰语文教师的。2010年，在宝安区教师课堂培训上，时任语文教研员的吴明庚老师对于诗词教学曾谆谆告诫："如果你自己都不会读，那就别上了，先看看别人怎么上的，照葫芦画瓢吧！"如何让诗词课堂有些许模样，下面以《破阵子·为陈同甫赋壮词以寄之》抛砖浅析。

破阵子·为陈同甫赋壮词以寄之

（宋） 辛弃疾

醉里挑灯看剑，梦回吹角连营。八百里分麾下炙，五十弦翻塞外声，沙场秋点兵。

马作的卢飞快，弓如霹雳弦惊。了却君王天下事，赢得生前身后名。可怜白发生！

第一步，读前要了解诗人境遇。

辛弃疾在两宋豪放词人中享有"人中之杰、词中之龙"的美誉，他终其一生抱定抗击金人、收复中原的壮志，无奈时境不遇，坎坷一生，壮志难酬。如果不是提及苏东坡这位豪放大佬，很多学生对辛弃疾的印象多半停留在清风明月里，遥想小学念及的那句"稻花香里说丰年"。实则不然，辛弃疾生于齐鲁大地，久沐燕赵豪情，"不恨古人吾不见，恨古人，不恨吾狂耳"，这种天不怕地不怕的豪情，学生大多没有认识。

这首词大约创作于1488年，同样亦文亦武的挚友陈亮（即陈同甫）不顾路途遥远拜访辛弃疾，两人在鹅湖短暂相会，共谈抗金大计。别后辛弃疾想到自己闲居二十几载，一生抱负却无奈英雄空老，于是创作了这首词遥寄好友。

以上关于辛弃疾的词作风格、生平境遇、创作背景，一定是在读前烂熟于胸的！

第二步，初读读通诗词大意。

辛弃疾作词有点像李商隐，作品中常引典故。这首词有以下几个典故：八百里、五十弦、的卢、霹雳。这些典故有的课文中已经给出了足够的注解，不懂这些典故，自然句不顺、文不从！找出典故，结合其他注释，字词句简单扩展，不用百遍其意也可自现。因为是初读，教师可以和学生强调，无须太多考虑朗读技巧，以读带译，但也不用译得准确，否则又成了呆板的文言课堂了。

诗词这种文学形式偏重抒情言志，情绪和感情是基础，也是关键，所以能够把诗词的意义大致讲出来即可，不追求文言文翻译那样做到"信达雅"。一节课，一首词。像这首《破阵子》，初三的学生来学习，理解词意几分钟就可以完成了。

第三步，再读读准句子和声调。

停顿：

醉里／挑灯／看剑，梦回／吹角／连营。八百里／分／麾下炙，五十弦／翻／塞外声。沙场／秋点兵。

马／作／的卢飞快，弓／如／霹雳弦惊。了却／君王／天下事，赢得／

生前／身后名。可怜／白／发／生！

格律：

仄仄平平仄仄，仄平仄仄平平。

仄仄仄平平仄仄，仄仄平平仄仄平。

仄平仄仄平。

仄仄平平中仄，仄平中仄平平。

仄仄仄平平仄仄，仄仄平平仄仄平。

仄平仄仄平。

将停顿、声调与平仄结合起来，这首词上下两阕各有两个六字句，平仄互对，读时可以以舒缓的语气甚至可以适当拖长，例如"醉、梦、马、弓"等。两个七字句的平仄又不是互对，读时声调应该紧凑中带有一些激越。这一环节，要读出词文的韵律感。这首词篇幅短小，没有现代文在篇幅上的压力，但结构上非常工整，舒缓而又激越，这种错落的层次感可以冲击学生的想象力。

这一步承前启后，既可以帮助学生继续理解词意，又为下一步打下基础，所以是朗诵的关键。基础不好，或者没有诗词爱好的学生做好这一步更为重要。

第四步，研读读出画面与情感。

意境是中国古典诗词中一个非常重要的美学范畴。在朗诵中要调动学生的记忆表象，激发学生的想象力。雨果曾说过，"想象就是深度"。这首词寥寥62个字，由军旅生活到校场点兵，由激烈战斗到壮志抱负，虚实交错，或描写，或抒情，内容丰富，语言高度凝练，不展开想象就无法深入作品内部，无法走进辛弃疾创设的意境，也就无法体会辛弃疾寄于其中的思想内涵。没有声音，再好的戏也出不来。有声音，还要有空间、有色调，想象的空间就打开了。如果没有感染力极强的朗诵，学生恐怕难以融入其中。这首词题为"壮词"，前面九句的确可称得上是壮词，但是最后一句使全首词的感情起了变化，使全首词成为悲壮的而不是雄壮的。前面九句是兴高采烈、雄姿英发的，最后一句写出了现实与理想的大矛盾，理想在现实生活中的幻灭。这是辛弃疾政治生涯的悲愤，同样也是陈亮的悲愤。

第一篇 教学论文

　　"壮词"壮在哪里？军旅生活豪壮，战场斗争雄壮，壮志难酬悲壮。想象一个壮悍之士，深夜挑灯引剑，听着雄壮的军乐，大口喝酒，大口啖肉，一个豪气冲天的壮汉跃然纸上。酒醒来，原来是梦境，于是徒留一句"可怜白发生"！"可怜"什么？可怜自己48岁了，人已不再壮年，但仍有壮志在心中。可怜中原故土水深火热的劳苦大众，可是除了自己，有谁去可怜作者呢？恐怕也只有处境同样"可怜"的好友陈同甫了！知音少，弦断有谁听？这次第，怎一个"壮"字说完？

　　课堂进入到这一步，教师可以先简单分析，然后引导学生去说、去写。先说词中画面，然后练笔去写，再去说作者的情感。

　　第五步，美读吟咏诗词合一。

　　所谓美读，不仅是主体间愉悦地对话，更是审美创造上的视界融合。它不仅悦耳，还悦意、悦志。鲁迅的《从百草园到三味书屋》里对寿镜吾老师读书有这样一段描写："他大声朗读着……他总是微笑起来，而且将头仰起，摇着，向后拗过去，拗过去。"这一段描写，我们仿佛看到一个清瘦又矍铄的夫子在他的诗书世界里自得其乐。读《破阵子》把自己和学生带入那个刀光剑影的古战场中，抑或是走到一个小酒桌前，看同甫拔剑起舞，听稼轩引吭高歌，感受那一份壮怀激烈，像庄生醺睡一场醒来不辨是己还是南山翩翩一只蝶，与作者同豪情，与作者同悲慨。

　　教学目标的三个维度中关于情感态度与价值观，这一目标的实现依赖于第四、五步的完成。教师往往要求学生读出感情，或者要求学生读出作者的悲愤等。如何读出感情？怎样算是读出感情？教师的作用和影响力很重要。优秀的诗词承担着丰富和美化人们精神生活的使命，这种丰富、美化是潜移默化的。教师首先必须深受诗词文化的熏陶，对诗词文化有着深厚的情感。然后，教师扎实的吟诵功底、激励的评价语言都会对学生融入课堂、融入诗词具有非常重要的意义！

　　朗诵教学要循序渐进，从最基础的读准、读顺，到后面的读出意境，情感丰盈，绘声绘色，入木三分，需要不断地在课堂上训练。所谓"纸上得来终觉浅，绝知此事要躬行"，罗马不是一天建成的，语文课堂的语文味需要朗诵支撑，中华语言文学的精髓需要在声情并茂的朗诵中去感悟，且行且思！

如何做好中小学文言文教学衔接

刘梦玲

中小学文言文学习存在衔接问题。小学文言文较为简单，教师讲解较多，多采用较为单一的方式让学生学习文言文。到了初中阶段，除了要求背默，还需掌握常见的文言实词、虚词和句意的理解，对文言内容也要求有较深的理解和自己独特的思考，中考占较大的比分。总之，教学内容、考查要求的变化使学生害怕，难以消化。因此，做好中小学文言文衔接教学，通过衔接让教师与学生改变一定的文言文教法以及文言文学法，克服怕文言文的现象。下面，我以讲授初中课文《木兰诗》《卖油翁》和《孙权劝学》为例，谈谈我在文言文衔接教学方面的一些做法。

一、七年级学生学习文言文的现状

就文言文本身而言，时空跨度较大，小学生感觉很难读顺、读懂。另外，由于小学考试内容基本不涉及对文言文的考查，学生还没有真正进入文言文的学习状态，没有形成一定的学习方法。成绩好的学生只知埋头完成老师布置的任务，进行机械记忆；成绩差的学生的情况自是不言而喻了。在上学期文言文起始课上，就文言文学习现状，我在所执教的教学班里（共46人）进行了一次简单的问卷调查：

1. 你喜欢文言文吗？　　a. 喜欢　　b. 无所谓　c. 不喜欢
2. 你觉得文言文学习？　a. 很难　　b. 一般　　c. 简单
3. 你学习文言文的障碍主要是什么？
4. 你通常采用什么方法排除障碍？

调查反馈意见如下：

1. 你喜欢文言文吗	喜欢	无所谓	不喜欢
	20%	4%	76%
2. 你觉得文言文学习如何	简单	一般	很难
	10%	32%	58%
3. 你学习文言文的障碍主要是	翻译语句	内容理解	听不懂
	90%	8%	2%
4. 你通常采用什么方法排除障碍	背诵	查工具书	请教他人
	90%	3%	7%

二、加强中小学文言文衔接的教学方法，将时间充分留给学生

文言文的学习必须要学生自己学习才能习得，不能用教师的讲解代替学生的学习。学生升入初中后，对新的学习环境及一些新的教学方法很陌生，这时语文教师就要充分发挥好桥梁的作用，方法上注重深入浅出，激发学习兴趣，"授人以鱼不如授人以渔"。教师除教知识外，还应多教方法，不仅"授业解惑"，还应该把时间还给学生，让他们自己去打开语文知识的大门。

（一）朗诵方法的衔接

小学阶段，朗诵文言文强调读准字音、把握节奏。那么，初中阶段还要让学生读出韵味、读出感情。例如，《木兰诗》是南北朝时期北方的一首乐府民歌，节奏感强，音韵和谐，教师指导学生用正确的读诗方法读出不同情节所表达的情绪变化。朗诵方式的不断变化增强了学生的朗诵兴趣，例如竞赛朗诵方法、小组合作方法、拍打节奏方法等。

（二）背诵方法的衔接

背诵的方法有很多，但文言文的背诵需要做到理解背诵和熟读能诵，这样的背诵不容易忘记。在课堂上，学生在反复朗诵后能初步掌握大意，随后继续转变朗诵方式，激发学生背诵文言文的热情。同时加强文言文结构，在背诵时更好地加强句与句之间的连贯。

（三）分析人物方法的衔接

分析人物形象，除了从故事情节中分析外，还要抓住人物的动作、语

言、神态等描写来揣摩人物形象，这是中小学惯用的方法。在文言文教学中，同样可以使用此方法。如《卖油翁》中分析陈尧咨的形象，可以反复朗诵，品味他与卖油翁的对话，揣摩他的语气，从他面对卖油翁的质问、怒斥，再到佩服、认输，可以分析出陈尧咨是一个聪颖自矜、傲慢、盛气凌人且知错能改的人。

（四）理清思路方法的衔接

分析文章的思路是语文教学的重点，小学生也进行了相关的训练，但是对于一篇篇幅较长或难度较大的文章，很多学生对于写作思路仍然比较模糊。针对这种情况，我们有必要另辟蹊径，设法让学生读通思路。如在《木兰诗》一文中的教学中，理清《木兰诗》是我国南北朝时期北方的一首长篇叙事民歌，记述了木兰女扮男装、代父从军、征战沙场、凯旋回朝、建功受封、辞官还家的故事，充满传奇色彩。产生质疑："为什么作者不多写木兰征战沙场的场景，而众多笔墨写的是女扮男装、代父从军、凯旋回朝、建功受封、辞官还家的景象，作者用心何在？想表达什么？如果你是作者你会怎么安排？"从大问题、大思路出发，激发学生学习文章的兴趣。让学生了解作者的繁简安排极具匠心，虽然写的是战争题材，但着墨较多的却是生活场景和儿女情态，富有生活气息。诗中以人物问答来刻画人物心理，生动细致；以众多的铺陈排比来描述行为情态，神气跃然；以风趣的比喻来收束全诗，令人回味，使得作品具有强烈的艺术感染力。

通过大思路问题，学生经过认真地思考、激烈地讨论，发表了自己独特的见解，达到了预期的效果。七年级语文教师肯动脑筋，将小学学到的证明方法与分析思路的其他方法相结合，从大问题、大思路出发，激发学生的动脑欲望，从而达到教学目的，提高学生文言文的阅读能力。

三、衔接中的学法，让学生学会如何学习文言文

叶圣陶先生曾说："教是为了不教。"所以，语文教学必须加强学法指导，在五六年级就应该有意识地培养学生自主合作探究的学习能力。升入初中后，教师要充分了解学生学习的实际状况，有针对性地设计学法训练，提高学法指导的自觉性，交给学生开启语文学习的金钥匙。

小学阶段，由于学生刚刚接触文言文，教师讲得多。到了中学，则要慢

慢地过渡到让学生自己学。教师不仅要让学生学会，更要让学生会学。针对初一新生的情况，教师应教会学生以下学法：

（1）指导学生使用工具书扫除文字障碍。要求每位学生准备一本古汉语词典，教会他们查找、选择义项的方法，在阅读中扫除文字障碍。

（2）书读百遍，其义自见，让学生在阅读中理解文言文。要养成课堂上默读、大声朗读以及语文课前一分钟读背文言文的习惯，指导学生有感情地朗读。

（3）古文翻译十六字原则："从前往后，逐字逐句，补充流畅，意思清晰。"指导学生按此原则翻译文言句子。

（4）让学生按照记忆曲线有效背诵，抵制遗忘，掌握及时背诵、反复巩固的学习方法。

（5）及时总结文言文特殊的语言现象。总结分词、句两方面，内容分别为通假字、多义词、词性活用、古今异义以及判断句、省略句、倒装句等。

（6）学会联系经验学习文言文，包括生活经验和语言经验。例如以《孙权劝学》与生活中普通人劝学的不同之处，勾起学生阅读的兴趣。

四、培养学生良好的学习习惯，做好衔接

在部编版教材中，文言文的比重越来越多，对学生学习文言文的要求也越来越高，这需要学生养成良好的文言文学习习惯。

（1）课前认真预习，关注注释，课后背诵课文与注释。

（2）培养学生在课堂上大声朗读、不断思考的习惯，以及与同学合作学习、共同探究，寻求解决途径的习惯。

（3）阅读时及时解决障碍字、词、句，做好圈画与批注。

总之，中小学文言文的衔接有一定的难度，但是教师做好衔接的教法，告诉学生衔接的学法，以及培养良好的学习习惯。在做好衔接的基础上，扎实巩固，深入探究，一定能够获取文言文知识与阅读文言文的能力。

参考文献

［1］人民教育出版社课程教材研究所.初中语文课本教师教学用书［M］.北京：人民教育出版社，2016.

［2］王树芳，冯树纯.中国古代文学辅导［M］.北京：高等教育出版社，1993.

［3］王荣生.文言文教学教什么［M］.上海：华东师范大学出版社，2014.

第一篇 教学论文

第二篇

课文解读

读《记承天寺夜游》

宋晓朋

"问汝平生功业，黄州惠州儋州。"

苏轼一生有许多起点，黄州是苏轼的一个开始。

眉山是他生命的开始。"苏轼自为童子时……列举诗中所言韩、富、杜、范诸贤以问其师。师怪而语之，则曰：'正欲识是诸人耳。'"元人脱脱为苏轼作传，对此赞曰："盖已有颉颃当世贤哲之意。"

二十岁，是苏轼全新人生的开始。

"一门父子三词客。"苏轼与苏辙的文章让宋仁宗一见喜曰："朕今日为子孙得两宰相矣。"尤其是苏轼，年纪轻轻，进士及第，虽官阶不高，但位极人臣，与他幼时仰慕的欧阳修、韩琦、富弼等名士同朝为官，言事即能上达大听。宋神宗常常因为读他的文章而忘了进膳，欧阳修愿为他"避路，放他出一头地"。果然，没过多久，苏轼年纪轻轻就成了"文坛盟主"。

那时候，苏轼的人生可谓踌躇满志，风头一时无两。

因为苏轼与王安石激进改革的态度相左，尤其对"青苗法"持有强烈的反对意见。当时在王安石恼怒之下，反对派们或降或贬，苏轼于是自请外放出京。即便是远离朝廷，苏轼也能将小小的知州做得风生水起，比如率领军民奋战七十多天抵挡住徐州的黄河水患，比如将"蝗旱相仍，盗贼渐炽"的密州治理得井井有条。苏轼所过之处，似乎总能留下华丽的背影。

然而，"乌台诗案"爆发，命运与苏轼开了一个大大的玩笑。

"乌台诗案"成了中国历史上文字狱的开始，而黄州则成了苏轼下半生的开始。

那个人小志大的神童，那个一试成名的举人，那个两任皇帝都欣赏的"宰相之才"，那个欧阳修都自愧不如的青年才俊，那个在庙堂能上书万言、在江湖能造福一方的苏轼，就这样经受了钦差之威吓，经过了牢狱之刑讯，经历了死亡之降临，他的骄傲、他的才情、他的抱负、他的信仰，一切的一切，忽然之间从天上落到了那个叫黄州的地方。这一年，是元丰三年。

初到黄州的苏轼在想些什么呢？

《卜算子·黄州定慧院寓居作》中说：

缺月挂疏桐，漏断人初静。时见幽人独往来，缥缈孤鸿影。

惊起却回头，有恨无人省。拣尽寒枝不肯栖，寂寞沙洲冷。

透过这首小令，隔着千年的时空，我们仍可以触摸到苏轼的惊魂未定。这种惊惧，这份寂寞，这从顶峰跌至谷底的惨痛，该是普通人都有的情绪吧。

只是，苏轼不是普通人。

元丰五年，苏轼作了《定风波·莫听穿林打叶声》：

莫听穿林打叶声，何妨吟啸且徐行。竹杖芒鞋轻胜马，谁怕？一蓑烟雨任平生。

料峭春风吹酒醒，微冷，山头斜照却相迎。回首向来萧瑟处，归去，也无风雨也无晴。

两年多来，苏轼经历了什么，使得他褪去了酸楚与惶恐，代之以满怀的无忧与无惧？《记承天寺夜游》或许能回答这个问题：

元丰六年十月十二日夜，解衣欲睡，月色入户，欣然起行。念无与为乐者，遂至承天寺寻张怀民。怀民亦未寝，相与步于中庭。

庭下如积水空明，水中藻荇交横，盖竹柏影也。

何夜无月？何处无竹柏？但少闲人如吾两人者耳。

文章仅仅85个字。起笔似乎平淡得很，但要注意，夜游之事是在"元丰六年"，也就是苏轼到黄州的第四年。对于苏轼六十六年的人生而言似乎很短，但对于被朝廷抛弃的人而言却是很长。"月色入户"，"户"为单扇的扉，不是窗户。想必苏轼在黄州，住在破旧的临皋亭或简陋的雪堂，都不必安装双扇的"门"吧。"月色入户"并非稀奇之景，可苏轼却敏感地捕捉到了，且立刻"欣然起行"，想必苏轼那夜心情必有如月般的透彻光明，才会对人人眼中见、人人心中皆无的月色欣欣不已。"遂"是不假思索、毫不犹豫之意，可见怀民在苏轼心中的第一位置。深夜赏月还要有人相伴，这不是矫情，而是心情，是友情，亦是情趣。当时苏轼已四十多岁，且是被限制了人身自由的贬官，一时性起夜半赏月，还要邀人同看，满满的孩子气，每每读此总忍不住哑笑。"怀民亦未寝"，一个"亦"字，有苏轼满心的欢喜，有怀民十足的默契，二人见面一定是拍肩打背，开怀大笑！"相与"的样子应该就是两人携手搂腰吧！

先说"庭下如积水空明"。一个"如"字是初赏月光时的视觉感受，那是"有我之境"，作者将自己置身于月色之外，只作为客观的第三者在观察、感受和描述。"水中藻荇交横"，怎么庭下真有一汪清水？且是一潭多年积水，不然其中怎会生了藻荇？藻荇还密密地交错纵横，是真是幻，亦实亦虚。"盖竹柏影也"，一个"盖"字让苏轼如梦初醒，让读者恍然大悟，原来苏轼已"物我合一""臻于化境"了！

读至此，不由得想到庄子与蝴蝶。是道家的恬淡、清净、无争抚平了苏轼伤痕累累的心，让他的黄州岁月由"寂寞沙洲冷"逐渐布满温柔如水的月光。

不仅仅是道家，"世事一场大梦，人生几度秋凉""人生如梦，一尊还酹江月"这些满带禅意的诗句也是苏轼在黄州所作，看来给苏轼疗伤止痛的还有超功利、超世俗的佛家思想。

难道黄州真的要成为苏轼人生的分野，从此他要"遗世而独立，羽化而登仙"，抑或"小舟从此逝，江海寄余生"？当然不能。黄州的确是苏轼贬谪人生的开始，后来他又被贬到现在的广东，甚至海南。但黄州却不是苏轼人性光辉的终结之地。如果乌台一难就让苏轼心灰意懒，"乘桴浮于海"，那他就不是苏轼，而是五柳先生，或者摩诘居士了。可苏轼是谁？宋孝宗说他"立天下之大节，非其气足以高天下者，未之能焉"。

是的，苏轼做人有大节，所以他不顾自己的政治前途，明知人微言轻也要对王安石变法的急切和扰民之处予以猛烈抨击；苏轼做人有大节，所以在革新派树倒猢狲散，司马光一口气擢拔他十几级之后，他对保守派"因人废法"又大加指斥，结果差点被司马光的徒子徒孙贬死在海南；苏轼做人有大节，所以后来被贬到杭州，他能筑起一道长长的苏堤，现在西湖还有"六桥烟柳""苏堤春晓"等景观；苏轼做人有大节，所以贬到惠州后他让百姓喝上了世界上最早的"自来水";苏轼做人有大节,所以被贬到儋州时他培养了姜唐佐等读书人。"沧海何尝断地脉,朱崖从此破天荒!"

苏轼的血管里流淌着道家的运物自闲与超脱潇洒,也流淌着佛家的物我相忘与身心皆空,更流淌着儒家的"达则兼济天下,穷则独善其身"。

"何夜无月?何处无竹柏?但少闲人如吾两人者耳。"苏轼的心何尝有一刻闲过,但苏轼的身又不得不闲下来。"闲人"一说,实在是苏轼在逆境中安之若素、宠辱不惊、履险如夷的超脱,是看过风雨、看淡穷达、看透生死的豪放与旷达,是能在荒僻的日子里没错过月华如水的庆幸,是对自己雄心万丈却因言获罪的命运的自嘲,是对"新党旧党"名为公器实为私利、你方唱罢我登场的不屑,是对自己远离政治中心又心系苍生、不舍天下的现状的隐忧。

《记承天寺夜游》尺牍传情。黄州,一千年前,月光如水,苏轼集儒、释、道的光辉,穿越时光隧道,照亮后来太多太多灰暗的生命。让我们知道,苏轼曾这样活着:既寓身物中,又超然物外。

山水之中有人生

——人教版八上第三单元山水之作有感

谢锋俊

"山川之美古来共谈"，莽莽神州，山河壮美，名山奇水，高山大岳，无数神奇如画的风光让人心动神摇，恰如万千珠宝，装扮着祖国大地，引得一代又一代义人骚客为之倾倒，为之歌唱。

人教版教材八年级上册第三单元收录了三篇山水游历之作，有郦道元的《三峡》、陶弘景的《答谢中书书》、吴均的《与朱元思书》等，指向名川大岳，表达个人感情。这些文章虽题材相同，同为山水游历之作，表面上看并没有太大差异，实则内在思想不尽相同，可谓"山水之中有人生"。面对同样的山水，不同的人因其不同的个人遭遇、不同的人生阅历都会有不同的感受，本单元的这几篇山水之作也同样各有不同的情愫。

郦道元，南北朝时期北魏官员，曾任御史中尉、北中郎将、冀州长史、鲁阳郡太守、东荆州刺史、河南尹等，所到之处执法严峻，为政严酷，人们非常敬畏他，以至于奸人盗贼纷纷逃往他乡，百姓佩服其威名，不敢违法。《北史》记载："道元素有严猛之称，权家始颇惮之。"也正因为如此，郦道元得罪了不少权贵，终在北魏孝昌三年雍州刺史萧宝夤叛乱之时，被奸人算计，命丧阴盘驿亭。

纵观郦道元一生，可谓仕途坎坷，未尽平生之才。但他幼时随父访求水道，少时博览奇书，游历秦岭淮河以北、长城以南的广大地区，考察河道沟渠，收集风土民情、历史故事、神话传说，立志为《水经》作注。经过他不懈地努力，终成《水经注》。这一著作不仅是一部具有重大科学价值的地理巨著，也是一部颇具特色的山水游记。他用饱满的热情、深厚的文笔、精美的语言，形象生动地描述了祖国的壮丽山川，表现了他对祖国大好山河的热爱和赞美之情，他的山水并没有夹杂太多个人的不顺遭遇，感情非常纯粹。这种山水之情非常难得，尤其是郦道元本身仕途并不顺利，半生飘零，应该有更多的复杂情愫，纵然面对高山大岳，也难免不带些个人心底情愫。但郦道元的厉害之处就在这里，从他的山水作品中，我们读到的更多是他对祖国美好山河的热爱。这份爱，爱得非常纯粹！

而陶弘景面对山水之时的感情却有所不同。

陶弘景，世医生身，祖父、父亲皆习医练武。他自幼聪慧，"幼有异操"，年四五岁乃好书，"恒以荻为笔，画灰中学书"，九岁始读《礼记》等儒家经典，十岁得葛洪《神仙传》，研究寻仙访道养生之术，十五岁作《寻山志》，倾慕隐逸生活，十七岁以才学闻名，人称"升明四友"，先后出任巴陵王、安成王、宜都王等诸侯侍读。

由于官场倾轧、仕途不顺，陶弘景于齐永明十年上表辞官，挂朝服于神武门。他在表中是这样说的："我听说无论尧帝之时还是汉朝，都有养生的风气，我为官已久，哪能留恋荣华富贵，所学也不是为了利禄，因此常想回归大自然，过田园生活，领略自然之美。"齐武帝看后深为感动，不但批准其请求，还大力支持他的养生事业。

如此便不难理解《答谢中书书》中的潜在情愫，作者用寥寥数笔，给世人描绘了一幅清爽宜人、色彩灿烂、生机勃发、灵动飞扬的画面，流露出自己与大自然融为一体的愉悦，体现出其酷爱自然并乐于归隐林泉的志趣。

无独有偶，与陶弘景差不多同一时期的吴均，在给好友朱元思的信中也表达出了这份归隐之意，但吴均的这份隐士之心却颇让人不解。

据记载，吴均出身贫寒，性格耿直，好学有才俊，书法自成一体，开创一代诗风，世称"吴均体"。吴均天监年初为郡主簿，天监六年被建安王萧伟引为记室，后又被任为奉朝请（一种闲职文官），因私撰《齐春秋》触犯梁武帝，被免官。后来，吴均奉旨撰写《通史》，并没有完成，中途就死了。从其生平经历来看，吴均并没有过多参与官场的明争暗斗，也没有体会到官宦人家的无情与冷酷，更没有太大的人生起伏，按理说不应该有太多"倦意"与"归隐"之意。

但"鸢飞戾天者，望峰息心；经纶世务者，窥谷忘反"却是实实在在地表达出鄙弃功名利禄、热爱自然、向往归隐山水的生活之意，大概这跟整个魏晋南北朝的社会特征有关吧。在这个政治黑暗、社会动乱、战事频繁的时代，知识分子多有寄情山水、归隐田园之意。

借一斑略知全貌，以一目尽传精神

——简析《项脊轩志》中的细节描写

杜 慧

优秀的文学作品读来清新怡悦，让人不忍释卷。而那些优秀的作品除了生动曲折的情节描述、自然真实的情感流露外，还有一个很重要的原因，就是对细节的反复渲染。

何谓细节呢？根据《辞海》《现代汉语词典》《普通写作学》等辞书、教材的定义，我们简单概括如下：细节，就是细小的环节或情节，它可以是一个场景、一件小事、一个动作、一句对话，用特写镜头把它放大、放慢，通过准确、生动、细致地描绘，使读者如临其境、如见其人、如闻其声，进而进行恰当的抒情议论，明确地揭示主旨内涵，达到扣题、点题的目的。

托尔斯泰说："艺术起于至微。"如果说情节是骨架、情感是肌肉的话，那么细节则是血液。没有细节描写，就没有鲜活丰满的人物、生动感人的事件。《透明的红萝卜》中，"村支书嘴巴里嚼着食，像只田鼠在他嘴巴里蠕动一样"；孔乙己青白的脸色，皱纹间的伤痕，乱蓬蓬的花白胡子；朱自清父亲"用两手攀着上面，两脚再向上缩""肥胖的身子向左微倾"的样子，都给读者留下了极其深刻的印象。

"借一斑略知全貌，以一目尽传精神。"本文试对明代散文家归有光的《项脊轩志》进行简单赏析，略谈细节描写的魅力。

《项脊轩志》是一篇文笔细腻、情感真挚、耐人寻味的叙事抒情散文，作者借一阁以记三代之遗迹，睹物怀人，表达人亡物在、三世变迁的感慨，展现了作者对祖母、母亲、妻子的深切怀念之情。清人王锡爵在《归公墓志铭》

第二篇 课文解读

中评论其为"无意于感人，而欢愉惨恻之思，溢于言语之外"。今人亦称其为"先生虽不流涕，谁不流涕？至于呜咽掩泣，悲不能止"。归有光正是凭借细致入微的细节描写将情感刻画入骨，感人至深。他善于选取日常生活中最熟悉、感受最深的细节，于细微处见真情。

一草一木陋室情。项脊轩是归有光青少年时代的书屋，在作者笔下，小小书屋是"百年老屋，尘泥渗漉，雨泽下注……不能得日，日过午已昏"。这样简陋的读书环境，不正是唐代诗人刘禹锡在《陋室铭》中所谓的"斯是陋室，惟吾德馨……何陋之有"那种安平乐道、志向高洁的写照吗？屈原在《九歌·礼魂》中以兰菊自譬，留下"春兰与秋菊，长无绝兮终古"。经后人化用推演（比如张九龄的"兰叶春葳蕤，桂华秋皎洁"），兰桂在古典诗文中便用以譬喻美好品德，而竹木一直用来象征气节，种植兰桂竹木让我们看到了作者的志趣清雅。作者自十五岁"束发读书轩中"，对人生的憧憬希望都寄寓在这"风移影动"的斑驳桂影中。所以，作者通过充满诗意的细节描写将美好静谧的读书岁月娓娓道来，景物描写中一草一木亦包含着作者的真挚感情。

一举一动慈母心。《项脊轩志》中对母亲的回忆只有短短的一举一动、一叩一问。老乳母回忆说："娘以指叩门扉曰：'儿寒乎？欲食乎？'"通过这样简单的语言、动作描写，着墨不多，甚小甚微，而一个细心的慈母形象已经跃然纸上。世上最深沉的慈母心，无需赘述已能引起共鸣，对幼子吃穿点滴的关注是天下母亲共同的情怀，因而具有强烈的感染力。作家李准曾说："没有细节描写就不可能有艺术作品，真实的细节描写是塑造人物，达到典型化的重要手段。"季羡林先生在《风风雨雨一百年》中追忆母亲时也用了相同的细节描写："（母亲）就抓住我的手，说：'儿啊！你让娘想得好苦啊，离家八年，也不回来看看我。你知道，娘心里是什么滋味呀！'"莫言在《讲故事的人》中也记录了儿时将家里唯一一把热水瓶失手打碎后，"钻进草垛，一天没敢出来……母亲呼唤我的乳名……没有打我也没有骂我，只是抚摸着我的头，口中发出长长的叹息"。无论古今，不分国籍，天下慈母面对孩子的举动言语都是相似的。

祖母励孙恩。《项脊轩志》对祖母的描写简洁细腻，绘声传神。祖母放心不下在轩中读书的孙子，特意前来看望，询问他"何竟日默默在此，大类女郎也"，离去时"以手阖门"，又"持一象笏至，曰：'……他日汝当用之！’”归有光用简笔勾勒的一言一行将祖母对孙子的怜惜，希望他光耀门楣、振兴家业的殷切希望都表现得淋漓尽致，自然真实。想到年事已高的祖母挪动颤巍巍的脚步，捧来那显贵与荣耀的象征——象笏，虔诚的动作、爱怜的言辞、谆谆的嘱咐、期盼的眼神，对于家道中落、慈母早逝的作者该是多么难忘的一幕！难怪作者至今思之，依然"长号不自禁"。归有光曾批评主张散文复古的人说："颇好剪纸染彩之花，遂不知树上有天然花也。"这句话的意思是，用纸剪出来的花和用颜色染上的花都不如树上之花开得有生气，旨在强调散文的笔法重在自然。《项脊轩志》中的细节描写，以自然平实之笔着墨，绘就一幅祖母励孙图。

琴瑟和鸣意。这是一段"补记"，归有光将和妻子琴瑟和鸣、幸福共处的婚后生活补于正文之后。文中写道："（吾妻）时至轩中，从余问古事，或凭几学书。"这正是幸福生活的写照，然而随着妻子的离世，那些于轩中共处的时光也飘然远去，而项脊轩亦"室坏不修"。在这里，我们应该能想象作者内心的沉重、伤痛、寂寞、悲凉。然后他依然用清淡的细节将抹不开的愁绪弱化，凝聚成那一句景物描写："庭有枇杷树，吾妻死之年所手植也，今已亭亭如盖矣。"作者情感表达含蓄、内敛，情意缠绵，"哀而不伤"，这也正是中国文人抑或是中国文化的一种特质。一如苏轼在《江城子·乙卯正月二十日夜记梦》中写道："料得年年肠断处，明月夜，短松冈。"浓郁的悲情从景语中溢出，留给读者满腹惆怅和无限感慨。

《项脊轩志》正是通过捕捉生活中典型的细节和场景，借平淡的生活琐事，以清淡的笔墨表达对亲人的思念之情以及对人事沧桑的感慨。细节刻画深入细致，情意缠绵动人。优秀的文学作品大都具有这样的特征，情动乎中，外形于文。也正是鉴于此，才有绍兴街头、咸丰酒店，鲁迅潜心观察"画出沉默的国民的灵魂"；才有家道日衰，车站送别，朱自清用心刻画的"心中永远的背影"。

第二篇 课文解读

一曲爱的颂歌

——《回忆我的母亲》文本解读

程 梅

这是朱德为纪念母亲逝世而创作的回忆性散文，带着深沉的爱与怀念，作者回忆了一段长长的艰难岁月，回忆了母亲勤劳朴实的一生，歌颂了这位平凡而义伟大的劳动妇女的崇高品德。

在读文章之前，我好奇作者的身世：开国元勋朱德将军是在怎样的环境下长大的？他从小又受到怎样的教育呢？读罢此文，我非常感慨：哦，原来这个推动中国社会和历史发展的英雄是农民出身，而影响他至深的人正是他的农民母亲。

一、序曲：朴素的爱意

"我爱我母亲。"开篇第一段，作者就用五个质朴无华的字表露自己对母亲的情感，为全文定下自然清新的感情基调。

杨绛先生曾这样评价："在《回忆我的母亲》中，母亲的笑容，是世界上最和煦的春风；母亲的皱纹，是艰辛岁月里风霜雪雨的刻痕；母亲的汗水和眼泪，是世界上最名贵的珍珠；而母亲的画像，是勇敢和坚韧的象征。母爱是最温馨的。"

苦难的岁月，因为有母亲而温暖动人。朱德用最质朴的语言缅怀了母亲普通而不凡的一生，奏出一曲感人至深的爱之颂歌。

二、主旋律：勤劳的一生

朱德的生活环境折射出一个时代农民的生存概况：贫困、艰难。世代农耕，往来皆贫农，忙碌、勤奋和机智无法让他们摆脱饥荒、破产和战乱。但是，朱德的母亲带着她的8个子女存活了下来，活着便是极大的成功和胜利。我们来看看这位母亲的生存之道。

母亲是个好劳动的女性。

朱德细数了母亲的劳作内容：种田、种菜、喂猪、养蚕、纺棉花、挑水、挑粪，还要烧饭。细致地写了贫苦生活的伙食：豌豆饭、菜饭、红薯饭、杂粮饭，菜籽油做调料。生活再苦，劳作再繁重，伙食也要精心准备，要有滋味。在丰年要穿"家织衣"，家境再穷也要有所讲究。母亲是一个既勤劳又聪慧的持家能手，劳作成了母亲一辈子唯一的事情，最终融入她的生命。这是她支撑家庭的根本，也成为她内心的热爱。她劳作到生命的最后一刻，年老亦"不辍"。

读着作者具体而细微的记忆，我不禁感叹：美好的生活是靠勤劳的双手创造出来的。母亲勤劳的双手，托起了一颗坚韧的将军心。

母亲性格和蔼。

女人是维系家庭的纽带。一个大家族在动荡的岁月能够聚而不散（直到地主欺压才被迫分处两地），需要许多包容、爱和智慧。在家中任劳任怨，服从祖母安排，与亲人相处和睦，不打骂子女，还要周济穷亲戚，这是母亲的柔；对子女慈而不溺，约束和管教他们不沾烟酒、再穷也要节衣缩食送子女上私塾，这是母亲的刚。

母亲识大体、顾大局。

虽然这位母亲一辈子与农活打交道，但她的双眼却能看见"不平事实"，曾经节衣缩食供养作者去读书，好"支撑门户"，不受或少受欺压。当儿子远走云南参加新军和同盟会时，母亲毫不犹豫地全力支持。虽然她未必了解什么是科学与民主，但她支持儿子革命。虽然儿子不在身旁，她却在精神上支持儿子的革命事业，支持民族解放。作者满怀感激地写道："她知道我们党的困难，依然在家里过着勤苦的农妇生活。"

可见，这是一位有远见的母亲，一位令人钦佩的革命母亲！

三、尾声：深远的影响

七年没见了，八十五岁高龄的母亲在漫长的岁月中只收到儿子的书信、钱和照片。年幼时陪伴母亲的日子，四五岁时就"自然地在旁边帮忙"，见母亲"汗流满面"便悄悄地去放牛和挑水。穷人的孩子早当家，母亲的辛劳让朱德心疼，一到农忙便"整日"跟着母亲劳作，他希望母亲轻松一些。然而，当儿子有了自己的革命追求，母亲渴望见儿子一面都难以实现，朱德内心对母亲或有一份深深地愧疚吧！

但此时，除了难以抑制的丧母之痛，他亦清楚自己如何才能报答母亲的深恩，所以他带着母亲身上如金子般的品质奔向自己理想的方向，奔向民族理想的方向。

勤劳的、慈爱的、睿智的母亲支撑着一个家族存活了下来，为民族养育了一个拥有同样坚毅品格的儿子。朱德母亲的存活之道，也是民族的存活之道。民族的存活，也正是靠着这一个个坚强的母亲用惊人的毅力延续生活、延续生命。平凡的个体最终汇成大川大海，向历史的辉煌之处奔涌而去。

鲲鹏逍遥越千年，庄周文章万古传

——《北冥有鱼》解读

罗 璇

　　《北冥有鱼》节选自《庄子·逍遥游》。《逍遥游》一文旨在"独与天地独往来"的理想境界，彻底摆脱了尘世的各种束缚，任精神自由往来于天地自然间，活得逍遥自在，悠然自得。但是，课文只是节选开篇的一小部分，这部分浓墨重彩描绘出鲲鹏扶摇而上九万里的壮美图景，标题也把原题《逍遥游》替换成《北冥有鱼》。对于初二的学生，在讲解这篇文章的时候，文章蕴含的哲理可以简单带过，甚至可以不提及，而是把重点放在对鲲鹏形象的解读和感受庄子奇特想象的浪漫主义文章风格。

一、鲲鹏形象以大为美

　　"鹏"这个意象很常见，例如深圳是"鹏城"，以及成语"鹏程万里"等。鹏的形象最早见于这篇《逍遥游》，本来不过是一种鸟，但是经由庄子这样极富想象力的描绘之后，变成了一个著名的文学形象。

　　"鲲鹏"的形象可以用一个"大"字来概括。清人刘凤苞曾评价："《逍遥游》起手特揭出一'大'字，乃是通篇眼目。"鲲鹏的"大"体现在两个方面：

　　自身硕大：

　　其身之长：鲲之大不知其几千里也；

　　其背之大：鹏之背不知其几千里也；

　　其翼之宽：其翼若垂天之云。

第二篇 课文解读

活动范围之大：

在广大无边的南冥和北冥；

水击三千里的无边汪洋；

抟扶摇而上九万里的广阔空间。

在开篇的几句话里着力渲染鲲鹏的形体之大、神奇不凡，向我们展示了一幅雄奇壮丽的画卷。那么，这样硕大、宏阔的鲲鹏给读者什么样的感受呢？例如，鲲鹏是大志向的化身，因为它奋发有为，有远大的目光；鲲鹏是大境界的化身，因为它有开阔的胸襟和眼界、高屋建瓴的气魄；鲲鹏是大美的化身，因为它有一种壮美、阳刚之美。

庄子认为最高的美学境界就是"大美"，即天地之美，鲲鹏的"大"给人一种壮美和崇高的美感。

春秋战国，百家争鸣。

孔子用与弟子的对话，言简而义丰地陈述自己的"仁礼"观点。

孟子洋洋洒洒，既"好辩"又"养浩然之气"，充满气势，充满雄辩的智慧。

而庄子则是"文笔恣肆、寓言十九"，也就是以寓言的形式说明道理的语言占到了十分之九。他用奇妙的比喻和夸张的想象为我们展现了其人生智慧独到的体悟，例如庄周梦蝶、东施效颦、呆若木鸡、螳臂当车等。

司马迁对《庄子》的看法是"故其著书十余万言，大抵率寓言也"。庄子不喜欢直接讲大道理，而是喜欢通过自己的想象来讲故事，这样会使得艰深的道理变得富有诗意，变得简单、形象、有趣、深远。

余秋雨也这样认为："庄子最杰出之处，是用极富想象力的寓言，讲述了一个又一个令人难忘的故事。而在这些寓言故事中，都有一系列鲜明的艺术形象，没有人会不喜欢他与南天北海融为一体的自由精神，没有人会不喜欢他时而巨鸟、时而大鱼、时而飞蝶的想象空间。"

《逍遥游》一文中开篇用鲲鹏这个气势恢宏的神话故事，让读者仿佛进入一个迷蒙缥缈、令人向往的神话世界中，"借鲲鹏变化，破空而来，为'逍遥游'三字立竿见影，摆脱一切理障语，烟波万状，几莫测其端倪，所谓洸洋自恣以适己也。"

春秋战国时期，百家争鸣，而庄子一定是最会讲故事的那个。他有着丰富的想象力，灵活多变，能把一些微妙难言的哲理说得引人入胜。行文汪洋恣肆，想象丰富，气势壮阔，所以《庄子》一书能代表先秦散文的最高成就。

二、鲲鹏逍遥越千年

庄子奇思妙想，虚构出了鲲鹏这个神鸟的形象。《逍遥游》的鲲鹏形象一出现，不知道受到多少人的欢迎。西游记里边有只大鹏金翅鸟；李白《大鹏赋》中"大鹏一日同风起，扶摇直上九万里"；李清照《渔家傲》中"九万里风鹏正举，风休住，篷舟吹取三山去"；苏轼《再送蒋颖叔帅熙河》中"使君九万击鹏鲲，肯为阳关一断魂"；毛泽东《念奴娇》中"鲲鹏展翅，九万里，翻动扶摇羊角"。

鱼和鸟，形象地象征自由的飞翔与遨游。千百年来，人们一直喜欢用鲲鹏来鼓舞、振奋自己，庄子的鲲鹏意象深埋于民族文化的血液里，恣意远游，抟扶摇而上的鲲鹏形象已经成为中国的一个文化符号。正如闻一多所说："中国人的文化上永远留着庄子的烙印。"

"鲲鹏逍遥越千年，庄周文章万古传。"这和庄子对鲲鹏恢宏描绘是分不开的。正是因为他用诗化的语言和奇特的想象力，使其笔下的鲲鹏裹挟着磅礴浩荡的云雾，飞向我们的心中，给我们埋下渴望高远与逍遥的种子。

《说和做——记闻一多先生言行片段》的
音乐性解读

范妍妍

　　《说和做——记闻一多先生言行片段》是诗人臧克家为纪念亦师亦友的闻一多先生而写的一篇文章。闻一多是新月诗派的代表诗人，他主张"戴着格律的脚镣跳舞"，并提出了著名的"三美"主张，即"音乐的美"（音节）、"绘画的美"（词藻）、"建筑的美"（节的匀称和句的均齐）。作为闻一多先生的学生、朋友，臧克家也是一位深受老师诗风影响的诗人。这篇文章的语言也极具音乐之美，语言精致凝练，节奏鲜明，富有诗意。

　　这篇文章思路清晰，展现的是作为学者和民主战士的闻一多的形象。一个是默默无闻、兀兀穷年、废寝忘食、一丝不苟、钻研刻苦的学者形象，此时的闻一多只问耕耘，不问收获；一个是言行一致，为了争取民主、反对独裁、不畏生死的革命者形象，此时的闻一多慷慨激昂，从小声说到大声呼喊。

　　在表现闻一多的学者形象时，臧克家展现的是闻一多的日常细节，"目不窥园，足不下楼，兀兀穷年，沥尽心血……头发凌乱，他是无暇及此……凌乱不堪，众物腾怨……"诗人用了大量的四字成语或仿成语，节奏清晰，读起来朗朗上口，气势流畅，一步一步把闻一多这种兢兢业业的学者形象描绘出来。"饭，几乎忘记了吃，他贪的是精神食粮……他惜寸阴、分阴。深宵灯火是他的伴侣，因它大开光明之路，'漂白了四壁'。"而这些句子，句式有长有短，长短相间，节奏搭配协调，这时就像词的格律一样，在迂回曲折中更能表达出作者对闻一多先生的敬佩。"他，是口的巨人。他，是行的高标。"在文章结尾处，臧克家利用这种对句，突然把节奏放慢下来，就像一首歌曲的尾声，从而把对闻一多敬仰和怀念的情感缓缓地、深沉地表达出来。

这样诗一般的语言比比皆是，例如在表现闻一多革命者形象时："他说了。说得真痛快，动人心，鼓壮志，气冲斗牛，声震天地！"这里运用三三四四的句式，节奏非常鲜明。这样一来，闻一多慷慨激昂呼喊民主的形象就跃然纸上了。在这一部分，作者多次以"他说了""他做了"为段落的开头，形成了一种回环往复的表达效果，强有力地把闻一多这种大无畏的民主战士形象表现出来，而且读完之后又有一种婉转悠长、余音绕梁之感。

除了节奏鲜明之外，这篇文章在语言形式上也有一些对句的形式，这些句子读起来更是朗朗上口、铿锵有力。例如"人家是说了再做，我是做了再说""不动不响，无声无闻""警报迭起，形势紧张"。

正是由于《说和做——记闻一多先生言行片段》这篇文章语言的音乐之美，因此它也是极好的朗读教学文本。教师可以采用学生齐读、反复朗读、单独诵读等多种形式，让学生读出节奏、读书气势、读出情感来。

同时，也可以让学生根据自己的理解，或者运用文章的语句创作一首关于闻一多的诗歌。

纪念闻一多先生

他，做了再说，做了也不说

他在古代典籍钻探

孜孜不倦，锲而不舍

为的是给我们衰微的民族

开一剂救济的文化药方

兀兀穷年，沥尽心血，废寝忘食

凝结而成《唐诗杂论》

十年艰辛一部《校补》赫然而出

潜心贯注心会神凝大步迈进"古典新义"

他，说了就做，言行一致

争取民主，反对独裁

笔耕不辍起稿政治传单

警报迭起，无所畏惧

气冲斗牛，视死如归

昂首挺胸，长须飘飘

他走在游行示威的队伍前头

他在群众大会上慷慨淋漓

他在李公朴追悼会上留下了他

最后一次演讲

他，是口的巨人

他，是行的高标

他，是伟大的闻一多先生。

这样就把臧克家散文的语言精简并排列成了诗歌语言。通过这样的改编，我们可以很清晰地看到，以上这首《纪念闻一多先生》大部分的词语、内容均摘抄于《说和做——记闻一多先生言行片段》。如此一来，从阅读、朗读中来，到创作中去，也就是让学生进行简单的现代诗歌创作。阅读、朗读、创作三步骤，实现了学生听、说、读、写的综合训练。

三味书屋师生情

陈 媛

书屋之三味

从11岁到17岁，走出百草园的鲁迅师从寿镜吾老先生，在三味书屋度过了他大部分的少年时光。

三味书屋塾师寿镜吾次子寿洙邻曾解释说："三味是以三种味道来形象地比喻读诗书、诸子百家等古籍的滋味。幼时听父兄言，读经味如稻粱，读史味如肴馔，读诸子百家味如醯醢（醢系肉或鱼剁的酱）。但此典出于何处，已难查找。"后有探究宋代李淑《邯郸书目》所言："诗书味之太羹，史为折俎，子为醯醢，是为三味。""三味"可能出自于此。三味书屋作为晚清私塾的典型，保留了陈腐封建的教育教学制度，在教学内容和方法上束缚学生的发展，鲁迅曾称其为"全城最严厉的书塾"。

戴着镣铐跳舞

在这样的时代背景和书塾制度下，作为三味书屋的第三代主人，寿镜吾先生身上也有封建教育者的影子。他不喜学生提问与教学内容无关的问题，脸上还带着怒色；当学生跑去后花园玩耍时，他会大叫"人都到哪里去了"，并且大声呵斥学生读书；他入神地念让学生感到拗口又晦涩难懂的句子："铁如意，指挥倜傥，一座皆惊呢。""金叵罗，颠倒淋漓噫，千杯未醉嗬。"

但大多数时候，寿镜吾先生又是和蔼的。"先生有戒尺，但不常用；也有罚跪的规则，不常用，普通总不过瞪几眼。"学生们读书时，先生自己也读书，且读书入神的时候，"他总是微笑起来，而且将头仰起，摇着，向后面拗过去，拗过去"。

从某种角度看，寿镜吾先生也为书屋的初步去封建化贡献了一分力量，戴着封建教育的镣铐翩然起舞。

鲁迅用"方正、质朴、博学"来形容寿先生，其人确实如此。他学问渊博，在三味书屋从教六十余年，启蒙了代代学子，其中不少人后来成为文豪鸿儒；他淡泊名利，对清末官场腐败深恶痛绝，遵从父训立志不当官，也反对和禁止儿子去参加科举考试和当官；他痛恨侵华列强，一生不愿用外国货，不穿洋服。因其异于传统，常被人讥为"离经叛道"。

鲁迅与寿镜吾先生

在《从百草园到三味书屋》一文中，鲁迅流露了对晚清私塾教育制度的批判，而对于寿镜吾先生，鲁迅则满怀敬意。寿镜吾先生很看重鲁迅，在他的谆谆教诲下，鲁迅打下了扎实的文学功底，为后来执笔写作奠定了基础。离开三味书屋后，鲁迅仍和寿先生保持着密切的联系。鲁迅离家在外，每逢回乡都会去看望寿先生。

鲁迅是幸运的，在他坎坷的求学生涯中，遇到了这样一位"离经叛道"的启蒙先生，为他开启了通往古典文化的大门，也在不经意间推开了一扇批判封建制度的小窗。透过这扇小窗，鲁迅察觉到了别样的世界，并用如椽大笔，敲醒了无数困在封建桎梏里麻木混沌的国人。

《社戏》中的时光滤镜

陈　颖

　　年少时的光景总是让人留恋的，即使那时的月光并没有比现在明亮皎洁，却因染上回忆的色彩而显得珍贵无比。回想"我"的童年生活，说不出具体的事情，心底里却流淌着淡淡的甜蜜和芳香。作家鲁迅有一只神奇的画笔，将它们摹写了下来。一篇《社戏》，让教师和学生一起回到时光的隧道。

　　返乡探亲，这是大家共有的经历，特别是在人口流动性更强并且交通方式更加发达的今天。返乡时，便意味着我们回归自然与淳朴，《社戏》一文也于此时起笔。只是寥寥几笔便概括了"我"对平桥村的印象——"但在我是乐土"，也概括了"我"在平桥村的日常和"我"所受到的"优待"。然而"第一盼望"的却是社戏。小孩子喜欢热闹，喜欢吃零食，更喜欢小伙伴，但是那一次的热闹却与"我"此前看过的社戏不一样，让"我"觉得无可取代。

　　双喜的果敢与小伙伴的拥护让"我"在一整天的闷闷不乐之后如愿踏上了看戏的船，"我"因为"优待"得以和年幼的孩子一起坐在舱中，看着左右的豆麦田地从身边飞过却仍觉得船慢。依稀能听到戏台上的横笛声时，"我"终于沉静下来，豆麦和水草的清香扑面而来，横笛的声音因此更觉得婉转，月色也更加朦胧。等"我们"靠近戏台时，铁头老生和老旦的轮番上阵，让"我"觉得悻悻。于是呼朋唤友索性归去，月还没有落，大家把目光投向了岸上的罗汉豆，"我们"偷豆、煮豆，忙活得不亦乐乎。向来吝啬的六一公公察觉到"我们"的行为却并不责怪，甚至第二天仍然送豆上门。豆却不及前一晚的味道令人怀念。

　　文章以江南农村为背景，刻画了充满人情味的村民和美好的乡村生活，显得自然而充满生趣。但这些描写并不都是真实的。故事发生在鲁迅的家乡，却不是《故乡》的那个家乡，更像是作者对理想生活的追求。鲁迅排除了小时候家境败落所遭受的白眼，放下因为医术水平有限而被耽误的父亲，以恬淡的笔调描写记忆中的家乡。或许，一切沾染上回忆色彩的故事总会让人格外难忘，美丽总是需要时间的。教师把这份心情讲解出来，让学生理解了，《社戏》的阅读便也不再是一件难事，大家也可以尝试把自己的理解变成纸上的文字。

约莫在我四五岁的时候，常常和哥哥姐姐们去捉蜻蜓。盛夏的老家是蚊虫的季节，也是我的一片乐土。

小孩子总是受到优待的，提重物、准备什么物件等一向是不会落在我身上的，甚至在去田野的路上，也能趴在姐姐香香软软的背上，听着盛夏蝉鸣、风吹菜田的声音，呼吸着空气中若有若无的青草味。

到了田野里，寻找一块乘凉的地，大人们这时都在家里休息，于是决不会有人来训斥我们。

拿起带着网的竹竿，往天上随便一挥，蜻蜓都在矮矮地飞着。由于竹竿太重，而且就凭我笨拙的动作，一个下午肯定也不会捉到一只。

我顿时萎靡起来，哥哥看了我的样子哈哈大笑，又弯下腰捡起竹竿，往地上一立，活像一个门神，威风极了。他用双手抓着竹竿，我抓着同如千斤重的竿子，在他的手上就像一根木棍，随后朝着蜻蜓低飞的位置扑去，这样来回几次还真让他抓住了，姐姐也抓住了几只。而我，一无所获。

姐姐看我不高兴，便从她的瓶子里捉了一只放到了我的瓶子里。它们透明的翅膀轻轻地扇动着，在瓶子里毫无章法地乱飞着。

我问姐姐："它们会死吗？"姐姐耐心地说："当然会死啊，生命都会死的。"我听不大懂姐姐的意思，但我了解了它们会变得一动不动，就像几个月前太公送我的狗狗一样。

我打开瓶子，把蜻蜓放飞了。姐姐问我："为什么要放走它们呢？"

我扭过头说："哼，我不想要！"

姐姐只是轻笑了一阵……

（作者：吉溪初级中学彭莉）

用矛盾分析法解读《阿长与〈山海经〉》的主旨

李 雪

矛盾分析法是将原生状态和形象之间的差异解释出来，从而构成矛盾，有了矛盾就可以凸显出作品深处的内容或者情感。辩证唯物主义告诉我们，事物自身包含着既对立又统一的关系，矛盾就是对立统一。在语文教学中，抓住了文本中出现的矛盾，就可以分析到文章的深层去。

《阿长与〈山海经〉》这篇文章中所蕴含的作者对阿长深深的思念和感激之情是比较容易体会和把握的，然而在这两种感情之下还有一股情感的潜流在涌动，就是作者对阿长深深的歉疚之情。为此，我运用矛盾分析法将文本中的矛盾点挖掘出来，用以凸显出文本深处的含义。

从文章的题目入手，可以更好地把握文章结构。因此，我从题目开始设问。

问题1：阿长是谁？是一个什么样的人？

问题2：阿长和《山海经》是什么关系？

在解决第一个问题时，就可以归纳出两个层面的内容：一个不懂规矩却又很懂规矩的人，一个没有文化却做了一件很有文化的事的人。这两个层面就蕴含了两个矛盾点。

一个不懂规矩却又很懂规矩的人。不懂规矩的阿长喜欢在背地里说人长短，传播家庭里面的是是非非、小道消息，还特别点出细节——"说话时，手指点着自己的鼻子和对方的鼻尖"。作为一个保姆，她的任务应该是照顾孩子的生活。但是，她夜里睡觉却自己摆成一个"大"字，占满了床，一条臂膊还搁在"我"的颈子上。懂很多规矩的阿长会交给"我"很多的道理，例如说人死了，不该说死掉，必须说"老掉了"，以及元旦的古怪仪式。这样的矛盾

第二篇 课文解读

点，作者要表现什么呢？一个可感可亲的阿长，一个为了"我"的平安喜乐而唠唠叨叨的阿长，这都是作者在成年以后感受到的。而在当初，作者面对这样的阿长是"不佩服""不耐烦"的，这里所蕴含的歉疚之情是需要深入挖掘的。

一个没有文化却会做很有文化的事的人。阿长讲了一个荒诞不经的故事，这个故事既概念混乱又逻辑混乱，但是"我"没有怀疑、反驳，反而引申下去，用"伟大的神力"和"特别的敬意"将谬就谬，愈推愈谬，层层深入，生动地表达了作者的幽默感，也表现出了成年后的作者对阿长的同情。这样一个不称职、生性愚昧又迷信的保姆，却意外地满足了孩子的心灵渴求。作者在前面用"特别的敬意"来表达反讽的含义，到了这里用了"空前的敬意"和"新的敬意"，但是这里却没有反讽的意味，而是深沉的抒情。同样的一个词，在不同的语言环境里构成了矛盾，给人以不同的情感体验。

另外，还有一处矛盾是可以挖掘的。对于一个会让作者特别写文章来怀念的人，用常理来理解应该是让作者记忆深刻的人，可是在文本中作者却在文章的开篇和结尾处多次提到"什么姑娘，我现在已经忘却了，总之不是长姑娘；也终于不知道她姓什么""我终于不知道她的姓名，她的经历"，这样的话都是有意为之，在重复中表达了对阿长的歉疚之情。

分析至此，《阿长与<山海经>》这篇文章的主旨已经很明确了，作者运用先抑后扬的手法，表达了作者对阿长既同情又愧疚、既感激又思念的复杂感情。

矛盾是世界的本质，没有矛盾就没有世界。这个道理同样可以运用到语文教学中，当我们解读文本时，不妨先画个问号：是否存在矛盾。如果存在矛盾，不妨深追一下：为什么存在矛盾。当我们解决了为什么的时候，也就能将文义深入把握了。

《河中石兽》教学解读

崔维刚

　　《河中石兽》是部编版七年级下册第七单元的一篇文言文，选自清代文豪纪昀（纪昀，字晓岚）的《阅微草堂笔记》，其书语言简练，寓意性、故事性与趣味性强，可以激发学生学习文言文的兴趣。《河中石兽》也切合了第七单元"探险与科幻"的主题，并为本单元"语言简明"的习作要求做文本积累。从2016年部编版语文教材中不难发现，该教材增加了大量的传统文化篇目，文言文教学的重要性不言而喻，对《河中石兽》的教学自是十分重要。

　　有了前几单元文言文知识的积累，七年级的学生学习文言文的难度也将减小，并能初步掌握文章大致内容，符合新课标对7～9年级学生能借助注释和工具书阅读浅显的文言文的要求。由此对《河中石兽》文本解读和教学方法，我有如下几点想法：

一、河中石兽究物理，实践方能得真知

　　沧州南一寺临河干，山门圮于河，二石兽并沉焉。阅十余岁，僧募金重修，求石兽于水中，竟不可得。以为顺流下矣，棹数小舟，曳铁钯，寻十余里，无迹。

　　一讲学家设帐寺中，闻之笑曰："尔辈不能究物理，是非木柿，岂能为暴涨携之去？乃石性坚重，沙性松浮，湮于沙上，渐沉渐深耳。沿河求之，不亦颠乎？"众服为确论。

　　一老河兵闻之，又笑曰："凡河中失石，当求之于上流。盖石性坚重，沙性松浮，水不能冲石，其反激之力，必于石下迎水处啮沙为坎穴，渐激渐

深，至石之半，石必倒掷坎穴中。如是再啮，石又再转。转转不已，遂反溯流逆上矣。求之下流，固颠；求之地中，不更颠乎？"如其言，果得于数里外。然则天下之事，但知其一，不知其二者多矣，可据理臆断欤？

《阅微草堂笔记》主要搜辑各种狐鬼神仙、因果报应、劝善惩恶等当时流传的乡野怪谈，或亲身所听闻的奇情异事，是唯一能与《聊斋志异》相媲美的佳作。鲁迅先生也曾就《阅微草堂笔记》高度评价道："惟纪昀本长文笔，多见秘书，又襟怀夷旷，故凡测鬼神之情状，发人间之幽微，托狐鬼以抒己见者，隽思妙语，时足解颐；间杂考辨，亦有灼见。叙述复雍容淡雅，天趣盎然，故后来无人能夺其席，固非仅借位高望重以传者矣。"可见，纪昀的著作实为实力担当，非权力而流传。

《河中石兽》主要讲述了沧州的河里掉了石兽，大家欲寻找，于河下游搜寻十余里而未果后，僧人、讲学家、老河兵基于自己的经验和知识，提出不同的方法，最终从石兽掉落的上游找到的寓言故事。文章短小简明，三四百字里不仅交代了鲜活的人物形象（僧人愚笨、讲学家拘囿于理论、老河兵考虑全面），还深入浅出地向世人普及了"知其一，不知其二，不可据理臆断"的究物理方法。同时也说明了实践出真知，实践经验有时比知识更重要的道理。可见，教授《河中石兽》不单是文本的解读，更是与德育的有效结合。

二、教学文本须吃透，深入浅出验真理

毫无疑问，文章无论是结构上还是内容上，是很明显的"故事+道理"的寓言，教学《河中石兽》当以"然则天下之事，但知其一，不知其二者多矣，可据理臆断欤"为文章重难点解读。由此，以三个步骤来讲解本文。

（一）初读文，识大意

1. 初读文

文言文学习首先要做到读正确，能正确断句，读出文言文的节奏，所以先让学生自由朗读课文，随后教师进行点评并指导断句停顿，最后同学间互读，最终达到正确、流利、有情感地朗读课文。

2. 识大意

基于一个学期每个单元的文言文学习与阅读，七年级的学生完全可以借助文章注释和古代汉语工具书了解文章意思。初步翻译全文，学生提出困难

之处，教师解疑答惑，剖析重难点词句，共同解决问题，最后准确翻译成现代文，完成课后习题。

（二）精读文，明中心

1. 品人物，精读文

读书百遍，其义自见。再次读文章，对不同人物的细节描写进行细致解读。从人物特色立足，分析僧人、讲学家、老河兵等人在寻石兽问题上的不同态度，同时借助多媒体直观体现其中的道理，帮助学生理解为什么只有老河兵才能找到石兽，引导学生对此问题进行质疑，得出"实践出真知"的道理。

2. 明中心

文章得以准确翻译，再在掌握文章主要内容的基础上明确文章中心思想，即歌颂重实践经验的老河兵，对愚笨的僧人和自以为是的讲学家进行批评。阐明"实践出真知"和提出究物理不应当只知其一、当知晓多方面原因后再评价的中心思想。

（三）再读文，学特色

从分析写作特色的角度再读文章，本单元的习作学习以"语言简明"为中心，《河中石兽》正有语言简练、寓意明确的特点，从中可以学到通过简明的语言表达中心思想，同时掌握记叙与议论相结合的写作手法。

兼听则明，教师可以推荐同样具有趣味性和故事性的《聊斋志异》《世说新语》等名篇进行阅读，加强学生对文言文学习的理解。

第二篇 课文解读

《老王》课文解读

刘梦玲

一、理清脉络

部编版语文教材七年级下册第三单元第十课《老王》选自《杨绛散文集》，这是一篇回忆性散文，记叙了作者与老王交往的几个生活片段，展现了特殊背景下老王与作者一家珍贵的友情，凸显了孤苦寒微的老王纯朴、善良、仁义的品行，表达了作者对人性之美的讴歌，对不幸者的悲悯关怀，对自身的反省，以及对命运的感慨。

二、写作方法

《老王》这篇课文的写作主要有三个特点。

1. 细节描写，体现人物特点

比如第5段中，"车费减半""他送的冰比他前任送的大一倍""冰价相等"，这种显而易见的"亏本买卖"体现了老王"最老实"。

特别是老王临终前赠送香油和鸡蛋时的细节描写："他面色死灰，两只眼上都结着一层翳，分不清哪一只瞎，哪一只不瞎。说得可笑些，他简直像棺材里倒出来的，就像我想象里的僵尸，骷髅上绷着一层枯黄的干皮，打上一棍就会散成一堆白骨。"

尽管有这样的笔墨，读者对老王的印象仍然是"穷苦卑微但又心地善良，老实厚道"，能读出作者对他有深切的"同情尊重"。

2. 前后呼应，探寻人物行为的合理逻辑

从前文看，老王是"单干户"，"常有失群落伍的惶恐"。对于生计艰

难的老王来说，"车费减半""大一倍""冰价相等"这样的"大手笔"明显不符合生活逻辑，因而定非普惠之举。那么，对老王这样做的合理解释是什么呢？这要从前后文的细节对比中探寻缘由："乘客不愿坐他的车，怕他看不清，撞了什么"，有人甚至恶意揣测"这老光棍大约年轻时候不老实，害了什么恶病"。而作者一家不但"常坐老王的三轮""和他闲聊"，还"给他吃了大瓶的鱼肝油"。老王能够感受到作者一家在物质上的照顾和帮助，在精神上的尊重和关怀。于是在老王眼中，为作者一家蹬车送冰，不仅是一单生意，还是一份交情。他以简单直接、实实在在的方式表达谢意，便是对这家人多出力、少收钱。

3. 以小见大，升华内涵

《老王》这篇文章，通篇记叙了关于老王的一些事情，平凡而琐碎。然而通过这些小事，却反映出了无比阔大的主题——一个关于如何关心人的主题。文中的老王，一辈子与世无争、与人为善，作者通过对他的身世尤其是临终前的悲惨与送鸡蛋的善良举动的描写，给我们提出了一个深刻的社会问题：我们周围有这样的人吗？我们应该怎样去关心他们？

三、语言特色

杨绛文学语言的成功是有目共睹的。其沉淀简洁的语言，看起来平平淡淡、无阴无晴，然而平淡不是贫乏，阴晴隐于其中。在漂洗的、苦心经营的朴素中，有着本色的绚烂华丽，干净明晰的语言在杨绛笔下变得有巨大的表现力。

1. 近乎白描的叙述

通过"老王常有失群落伍的惶恐""他靠着活命的只是一辆破旧的三轮车""没什么亲人""也许是得了恶病""荒僻的小胡同""破破落落的大院""塌败的小屋"等描写，体会字里行间流露出的作者对老王的深深同情；通过"我女儿说他是夜盲症，给他吃了大瓶的鱼肝油，晚上就看得见了""后来我坐着老王的车和他闲聊的时候，问起那里是不是他的家"这样的语句，体会作者对老王的友善、关心和帮助。

2. 回味隽永，富有表现力

杨绛追求的叙述效果，是即使在灾难痛苦中，也要从容不迫地叙述。文

第二篇 课文解读

章一开头的叙述对话，心情宁静，连细节都很少（只有一个"田螺眼"）。作者不敢坐三轮车，挤公共汽车到医院门口等待，都没有交代一下当时灾难性的遭遇和内心的痛苦。甚至写到老王送她香油、鸡蛋，也没有补充说明一下，这些东西在当时要凭票供应，有钱也很难买到的。这令我们想到中国传统的"惜墨如金"。当老王不收车钱，她一定要给，老王问她："你还有钱吗？"她明明可以告诉老王，虽然他们被扣发工资，但就他们俩的生活费加起来比之老王还要富裕得多。杨绛可能觉得，只要有老王"哑着嗓子悄悄问我：'你还有钱吗？'"就足够了。至于杨绛的回答，"我笑着说有钱"，这个"笑"字包含了丰富的内涵。不但是感谢他的善意，而且隐含着对一个穷人想象她物质贫困上的偏差，以及对他过分顾虑的心领神会。这么多意思，杨绛觉得一个"笑"字就够了。

四、教学的重点

（1）通过文本细读，体会作者一家与老王之间的珍贵情谊，理解老王身上闪耀的人性之美。这个教学重点包括理解人物形象（特别是人物的品质），赏析作者按特定顺序、线索将细节串联起来的写法，品味作者描写老王的语句，等等。总体而言，要引导学生理解老王（包括"我"）的善良。

（2）结合时代背景，解读老王临终前赠送香油和鸡蛋的丰富内涵。老王为什么要送香油和鸡蛋？或者说作者究竟做了什么事，值得老王临终前送"大礼"呢？这需要引导学生回到文本，从细节中探究，由此深入理解课文表达的思想。

（3）探究作者对老王心怀"愧怍"的深刻原因，体会作者在平和语调中流露出的叹惋和感伤。反观"我"对老王的态度从"同情"到"愧怍"的变化，由此理解"我"和老王交往的实质，反思那种居高临下、缺乏真正尊重的同情，感受作者的自我批判精神。这个角度的教学对文本的解读层次较深，可根据实际情况适当讲解。

第三篇

教学叙事

犟龟为什么那么犟

宋晓朋

《犟龟》一课的学习即将结束，但是在最后的环节，"意外"出现了。

教师习惯性地问学生："大家还有什么不理解的问题，请提出来，我们共同解决。"

几个问题过后，赵思尧站了起来，问："我不明白，犟龟在河边遇到蜗牛之后，为什么不从水里游过去，而是原路返回去，然后再走？这样多浪费时间呢！"

教师和其他学生连忙看课文，果然看到书上有这样一段话："蜗牛用了半个多小时才理清了思路，它难过地告诉乌龟：'你走的方向完全反了。''非常感谢你给我指路。'小乌龟说完慢慢地掉转方向。"

沉默了一会儿之后，有的学生马上反驳道："犟龟方向反了，再涉水游过去，那是上哪啊？"有的学生点头，可有的学生又反对道："小乌龟本来就是绕着池塘走到蜗牛身边的，它来的时候也应该游过来，它走得那么慢，游泳总比走路快吧？"

一时间，课堂陷入了沉默。

教师也很难决断，提议说："咱们这样好不好，就'犟龟为什么不涉水过河'的问题展开探究。大家可以自由结组，可以上网查资料，也可以查阅自然科学或动物世界之类的书籍，还可以请教家长，对这个问题给出合适的理由，大家觉得需要多长时间做准备？"

经商议，大家决定三天后汇报探究的结果。

三天后的语文课堂。

学生举手表明基本的观点，根据观点自动分为三组。每组选出组长负责收集整理组员的理由，由记录员分条记录组员的观点，再选出发言人代表本组表达意见。

一是闫子木的"独门独派"观点，即"小龟已经涉水过河"。理由是："谁说乌龟没有蹚水？小乌龟看似笨拙，实际上比我们每个人都聪明，只有它才懂得坚持到底的道理。另外，'龟兔赛跑'的故事我们都知道，那里的乌龟也很聪明啊。既然我们都想到涉水速度快了，聪明的乌龟怎么会想不到？课文也没说犟龟不是涉水啊，我们又凭什么断定小乌龟就没有渡河呢？作者并没有谈到小乌龟在遇到蜗牛之前是否从水路而来，而小乌龟的弱点是走路慢，好容易遇到池塘，它是赶着去参加婚礼，难道它不知道泅水要比爬行快吗？"

闫子木的一家之言赢得了同学们的掌声。

精彩的是以赵越龙为代表的第二类意见，即这个问题不值得研究。理由如下："一是这是一篇童话，童话本来就不需要按照生活的逻辑构思。谁见过小动物会说话了？这课里的乌龟、猴子、蜗牛等谁没说话，难道我们还要批评作者胡说八道吗？二是小乌龟到底是怎么走的，这个问题影响中心的表达吗？很显然，不影响。而老师平时告诉过我们，文章的选材与材料安排的详略，最重要的原则就是看材料能否体现主题。而小乌龟是怎么到达水边的，又是怎么离开水边的，只有它和作者才知道，而我们这些童话的读者只要知道一点就可以了，那就是小乌龟不论用什么方式，它始终没有放弃自己的目标，其坚定不移、矢志不渝的态度才更让我们为之感动。三是如果对这个问题感兴趣，我们大可以在生物课上研究它，而不是语文课堂。试想，语文课我们探讨乌龟的习性问题，那是不是数学课我们研究动词不定式呢？那外语课我们就得琢磨经纬线了呗？那我们还分门别类来设置课程干吗？干脆就学一门课，就叫'大杂烩'好了。"

赵越龙的发言赢得了同学们长时间的掌声，中间还夹杂着叫好声。最叫绝的还在后头。

第三组代表是王朔，他汇总了全组同学的观点，娓娓道来："我组的观点是'小乌龟不能涉水过河'。理由是：首先，正如闫子木同学所言，小乌龟是赶着参加狮王婚礼的，我们都看出来了，它走水路肯定要比走旱路快，好容易遇到池塘它为什么不走捷径呢？原因有两个，一是这是只傻乌龟，二是它不会游泳。而有着不达目的不罢休的犟龟不可能是个弱智的家伙，所以它舍弃涉水只能有一点解释，那就是它不会游泳。"

教室里笑声、叫声一片。

王朔接着说："如果说上述意见只是推断，那么文中谈到狮子、猴子、乌鸦等其他几种动物，有关资料表明，这几种动物并存的环境可能在美洲、非洲和亚洲。课文还说狮王二十九世在山洞里举行婚礼，有洞居习性的狮子不在非洲草原，也不在美洲森林，而是亚洲的高原或山地。另外，从书上的插图看来，乌龟的四肢和尾巴很短，这表明这种小乌龟的四肢很强健，是长期爬行所致，如果是海龟或河龟，四肢应较长以备划水之用。综上所述，这只乌龟的生活地点应该在亚洲，而且是中东阿拉伯地区。我们学过地理都知道，西亚地处亚热带，属于热带沙漠气候，西亚的地形也以高原为主。据此，我们可以肯定地说，这只乌龟是只陆龟，它没有游泳的习惯和本领，所以它是不可能涉水过河的！"

教室里一片沸腾。

教师动情地总结说："小乌龟到底有没有过河、可不可能涉水，包括应不应该在语文课堂上探讨这个问题已经不重要了，重要的是你们让我看到你们搜集资料、整理资料、筛选和使用资料的能力，以及团结协作的能力、推理思辨的能力、语言组织和表述的能力、综合运用各学科知识的能力，都远远超出了我的想象。看来，在老师和你们之间隔了一扇门，推开了将会发现，你们的世界是一个五色纷呈、绚丽多彩的春天。"

教师的话也赢得了学生长时间的掌声。

但应知道，教师的精彩不在于总结陈词，而是给了学生提出疑问的机会。

教师的精彩不在于给了学生提出疑问的机会，而是他们提出看似无理的问题后没有被讥讽和否定。

教师的精彩不在于学生提出看似无理的问题后没有对其讥讽和否定，而是坚信每个问题都有价值。

教师的精彩不在于坚信每个问题都有价值，而是引导学生探究问题。

教师的精彩不在于引导学生探究问题，而是给了学生一种探究问题的态度和方法。

教师的精彩不在于给了学生一种探究问题的态度和方法，而是给了学生一个充分展示才华的平台。

　　教师的精彩不在于给了学生一个充分展示才华的平台，而是让学生在台上认识到自己精彩、语文精彩、人生精彩！

第三篇

教学叙事

有效问题设置是打开学生表达意愿的"密钥"

——《周亚夫军细柳》教学叙事

谢锋俊

正如我在《有效问题设置对学生表达能力的培养之我见——对部编版语文教材课后问题设置的思考》一文中所讲的那样，当前的语文课堂，学生表达的意愿严重不足。即使有了表达意愿，站起来后也是词不达意、歧义百现。若要改变这一现象，是一个长期的过程，其中非常重要的一点就是语文教学中的问题设置的有效性，有效的问题设置能很好地改变这一现象。我在教学《周亚夫军细柳》一文时，非常好地体验到这一观点。

《周亚夫军细柳》一文收录在部编版语文教材八年级上册第六单元文言文单元，这一单元的几篇古文从不同角度阐述了一个问题，即人应该有怎样的品格与志趣。按传统的文言文教学设计思路，在正音、规范朗读、译读文章后，教师都会以人物形象为切入点，展开对周亚夫将军形象的分析。围绕这一问题，学生有的放矢，倒也未尝不可。但是从现实的观课情况来看，这样的问题设置学生能表达得不多，虽然初中教学对人物形象分析的方法时有指导，但对文言文而言，单纯让学生分析人物形象显得颇为吃力。因此，我在人物形象分析这一问题上调整了设问方式，改变了分析的思路。

在完成译读全文这一任务后，在学生基本理解文章大意的基础上，教师提问："文章通过文帝劳军的场面塑造了周亚夫的形象，文帝是如何评价周亚夫的（用原文回答）？"

学生几乎都能回答："真将军！"

教师接着追问："文中哪些地方能体现周亚夫'真将军'，请大家说说看？"

此问一出，学生群情激昂。能体现出"真将军"的地方，放眼全文还是挺多的，也挺容易找到，总比枯燥地问"周亚夫是个怎样的人"好理解多了。

因此，学生很快就找到了："军士吏被甲，锐兵刃，彀弓弩，持满""不得人""又不得人""乃传言"，体现了细柳营军容严整，常备不懈，严阵以待，军纪严明。

有学生说，"将军曰，军中不得驱驰""天子乃按辔徐行"体现了周将军治军有方，令行禁止；又有学生认为，"持兵揖""以军礼见"看出了周亚夫恪尽职守，刚正不阿；还有学生说，"嗟乎，此真将军矣！曩者霸上、棘门军，若儿戏耳，其将固可袭而虏也。至于亚夫，可得而犯邪"是借皇帝之口来赞美周将军，说明他是真将军。更令我惊叹的是，有学生说，"既出军门，群臣皆惊"也能看出周亚夫真将军，理由是通过"群臣"的反应，侧面反映出周亚夫的"真将军"。教师继续追问："为什么是侧面衬托呢？"学生认为，在君君臣臣的时代，唯皇帝马首是瞻，将军也是皇帝封的，周亚夫这样对皇帝大不敬，群臣都替周亚夫捏了一把汗，群臣的反应是正常人的反应，是皇权至上的反应，但周亚夫恰恰不唯上，只论战力，只有军纪，这很好地反映出他的"真性情""真将军"。学生一起鼓掌，分析得确实很好。

由此，教师进一步引导："什么是侧面烘托，文中除群臣反映外，还有没有其他侧面反映周亚夫'真将军'的？"学生在前面分析"群臣"反映的基础上，对"侧面烘托"有了更清晰地了解。带着这样的理解，不难找到"将军令曰""将军曰"等均是侧面烘托周亚夫之治军严明。

在学生对侧面烘托的内容完全消化之后，我适时追问："除了侧面烘托这一手法来塑造周亚夫的形象外，文章还有其他手法吗？"

"对比！"

"文章第一段简单写霸上、棘门两个军营松散无纪的情况，与细柳营军纪严明形成强烈对比。"

学生非常快速地说出"对比"这一手法。

至此，对周亚夫的人物形象在这种循序渐进、抽丝剥茧式地追问下已经跃然纸上。学生也在这种开放式、问题追问式的互动中轻松愉快地掌握了周亚夫的人物形象。

一节作文讲评课

杜慧

【文题回顾】

泪水是人类情感的重要外在表现，它不仅与人的伤感、悲痛有关，也和人的喜悦、欢乐有关。伤心落泪、喜极而泣，人在经历巨大的悲痛和幸福之时，总是难以找到最好的情感表达方式，而泪水往往会先一步到来，诸多复杂难言的情感一时之间就全部凝聚在这夺眶而出的液体之中。请你以《心中的那一滴泪》为题作文。文章不少于600字。文体不限，诗歌除外。

深圳市中考作文命题旨在引导学生关注自我、关注生活、关注成长，写出自己的真情实感，让学生有话说、说真话、说内心话。所以，我们从中考作文命题要素出发，给学生布置上面的这一篇材料作文，难度并不大。学生的立意角度较为丰富，但是依然存在选材陈旧雷同、泛泛而谈、空发议论等各种问题。面对初三学生，如何更加直观地去强调章法、技法呢？这一次，我准备采用小组互评的方式来讲评这篇作文。

上课铃响，我将手里的作文资料分发给学生，这份作文资料里面辑录了六篇不同层次的习作。在具体实施小组互评工作前，我先进行了相关的讲解示范，展示了深圳市中考作文六个等级的评分依据（内容、语言、结构、文面），明确了作文评价的内容，诸如中心是否集中鲜明、选材是否紧扣中心、情感抒发是否真挚动人、段落层次是否清晰、详略安排是否突出重点、开头结尾是否呼应文题、遣词造句是否流畅准确等，最后还用幻灯片出示了两篇详细批改过的作文，让大家再次对作文批改和评价有一个较为清楚的认识。接下来，我告诉学生，要想知道梨子的味道，就要亲口尝一尝，请小组同学认真阅读并批注手里的六篇习作，小组讨论后确定每一篇作文的分数，最后请小组代表上台将最后讨论给定的分数写在黑板上。如下表所示。

组别/题号	习作①	习作②	习作③	习作④	习作⑤	习作⑥
第1组	38	34	37	35	36	34
第2组	39	35	37	35	36	35
第3组	38	34	23	38	35	35
第4组	36	32	40	35	38	36
第5组	39	37	39	37	36	34
第6组	38	33	25	35	34	37
第7组	38	34	35	36	34	36
第8组	39	31	20	37	35	34

学生将自己小组的分数直观地呈现在黑板上。不出所料，各小组打分出现了预料中的差异性。第8组、第4组和第5组在习作②上差值有五六分，第3组、第6组、第8组和第4组、第5组对习作③的评分差距高达十几分。所以我将问题顺势抛给这些差异性最明显的小组，请他们分享自己给习作打分的依据，其他小组再进行补充。

对第②篇作文的分析，大部分小组给出的是三类文的评分，认为分值应该介于30～34分。他们从文章形式上分析，认为叙事节奏过慢，前三段的铺垫过多，导致文章的中心不够突出，叙事不太生动；从文章内容分析，仅仅因为同学一个很小的误会就流下了眼泪，显得比较突兀，这个叙事材料不太具有真情实感，所以不够动人，而作文导语中也强调"人在经历巨大的悲痛和幸福之时""诸多复杂难言的情感一时之间就全部凝聚在这夺眶而出的液体之中"，从这个角度看有"为情造文"之嫌，为抒情而抒情，为流泪而流泪。

第③篇习作的争议颇大，这是一篇叹惋悲悯李商隐身世的"挽歌"。在文章中，小作者大量引用李商隐的诗句作注，颇具文学内涵。有学生折服于文字浓烈的抒情意味："他的失意，他的怅惘，他的忧郁，与时代变换糅在一起，在历史上刻下深深的烙印。或许他曾经有过快乐的生活，珍贵如珠，美好如玉。但如今，只糅出短暂的欢乐和忧愁，砸在异乡土壤上，了无痕迹。"有学生觉得开篇便很有吸引力："许是行车渐晚，李商隐不再感叹'锦瑟惊弦破梦频'，不再询问'何处更求回日驭'，不再愤懑'此时却羡闲人醉'，他独拾朝花，捡起一地枯萎。"但也有其他小组同学指出，这篇文章虽文辞皆美，却是一篇名副其实的偏题作文。作者只是用优美的文字概述了李商隐失意愁苦的一生，却完全未涉及"心中的那一滴泪"，所以写作方向和写作中心不对，即使内容再过华丽，也只能属于五类文，甚至六类文。

当然，小组发言分享还有很多，不一而足。课堂讨论甚至争论的气氛很热烈，我趁机展示出自己给这六篇作文打出的分数，并适时总结作文的一些简单技法，比如叙事生动的核心就是写具体，写具体要求把瞬间发生的事展开来，把连贯性的动作分解开，抓住一个点或一个局部、一个神态或一个动作加以集中描写。写作过程中要有"读者意识"，读者听一个故事，细节的真实更能感染他们，所以文章写出真情实感才具有美感。从某种意义上来说，美就是真，美的价值就是对真的认识。没有内心很大的触动，没有对生活特殊的感受，"为情造文"确实显得很生硬。

小组作文互评结束后，全班学生一起总结了中考作文增分要点，虽然难逃王荣生教授所说的"应试化的造文法"，但作为初三教师，面对即将到来的中考，本身不也要"戴着镣铐跳舞"吗？

附习作①：

心中的那一滴泪

那天，天气格外的冷冽。初秋凉风习习，傍晚天边的最后一抹华光散去，凉意渐渐沉了下来，漫上小腿，接着袭满全身。

妈妈已经回老家几天了。不同于平常的照例探望，这次离开的时间格外地长。没有妈妈一日三餐的照顾，我只能在校门口把晚饭草草解决。

夜色深了下来，月亮笼着丝丝缕缕的轻烟似的云，看不真切。幽幽的月光模糊了一片，晕染开来，铺在夜幕中。

"妈妈还得过几天才回去，你自己在家小心点。"妈妈的声音似有些喑哑。

电话那头很安静，十分平常，却又十分异样。我没多想，继续埋头做自己的事。夜晚的风刮起来了，窗子外面的树叶沙沙作响，风声猎猎，灌入耳内。

第二天中午再回到家，家里却已是满屋子人，让我吃了一惊。全家人都到齐了，坐在屋内，在市内工作的姐姐也不知什么时候和爸妈一起回来了。

桌上摆着许多东西，饼干、水果，红灿灿的糖果包装精美。我看着那糖果，不知为何，那精美包装折射的光，有些刺眼。

坐到桌前，听着他们谈话，也没有什么异样。一切看起来还是那么稀松平常。打开手机却见朋友圈里，姐姐和老家的表姐都发了动态。言辞委婉中，我还是读懂了——外婆去世了。

蓦地，那手机屏幕上黑色的配图像是一个无尽的洞，吸着我的眼眸。我猛地抬头，看看妈妈——脸色的确有些憔悴，虽在说笑，但却有些暗淡。

我望着桌上一道一道热气腾腾的饭菜，如鲠在喉。我不明白这是什么习俗，却明白妈妈心里有多难过。有人说真正的大悲反而落不下泪，一切情感悉数埋藏心里。心中的泪，恐怕早已流干。

从那天开始，妈妈再也没有妈妈了，她只有我们了。

此后，生活起居，一日三餐，妈妈更加尽心尽力。像在弥补，像在宣泄，妈妈把没有为外婆尽到的责任加倍地传递给我们，加倍地去爱，来填补心中的空缺。

我们都明白，妈妈的心中永远有那么一滴泪，埋藏在心里。那一滴泪，是眷恋，是遗憾。她从一个被爱的女儿，变成一个去爱的母亲，脱去仙女的外衣，拿起凡间的针线，去缝补今后的岁月。

我想，在接下来的日子里，我们只能一样，用双倍的爱去奉还，去爱妈妈，让妈妈被爱，让妈妈心中的那一滴泪，永远深埋。

第三篇 教学叙事

寻找"最佳播音员"

——一次新闻阅读课尝试

程 梅

今天是一个特殊的日子，一大早警报迭起——今天是九一八，国耻日。我心下一动，准备调整一下今天的课堂导入方式。

"同学们，现在老师为大家播报一则消息。"我深吸一口气，用沉重的语调播出如下内容："1931年9月18日夜10时许……这就是震惊中外的九一八事变。"播报完毕，教室一片安静。"今天是个特殊的日子，请大家铭记：今天是九一八，国耻日。铭记，是对历史的深沉回望，是对现实与未来的冷静思考，更是为了让历史照亮未来前行的路。这节课，我们就通过几则新闻来回顾一段历史。"

屏显《我三十万大军胜利南渡长江》的创作背景，笔者稍稍进行了一下指导朗读。学生发现这则新闻应当读出"万船齐发直取对岸"的英雄气魄，同时了解到播报新闻也要带着情感，读出温度。接下来，我们开展了"寻找最佳播音员"活动。

首先，我拿出四个纸团，告诉大家这四个纸团写了要求大家周末预习的第一单元前四则新闻题目，而且每个纸团都有一个数字，请大家选一个自己喜欢的数字坐到相应的小组。

然后在黑板上写下了"第一播音室""第二播音室"几个大字。转身揭晓一号纸团代表的新闻是《首届诺贝尔奖颁发》，播报时间是一分四十秒。接下来，就由第一播音室学生上台播报这则新闻，其余学生做听众，也是评委。

随着计时器的"嘀嘀嗒嗒"，播音员一个接一个地走上讲台。有的坐着；有的站着；有的一字一顿，有板有眼；有的慌慌张张，上气不接下气；有的沉着冷静，一气呵成；有的激动不已，手舞足蹈……很快，第一组在紧张热烈中完成了这则新闻的播报。

接下来，其余三组的学生以四人小组为单位进入了合议投票时间。很快，属于第一播音室的黑板上写满了一排光彩靓丽的名字。稍作统计，三个优秀播音员脱颖而出，教室里响起了热烈的掌声。

"同学们，经过刚才的播报和聆听，你觉得如何做才可能成为一名优秀播音员？"我问道。

"准备要充分，要反复练习，机会总是属于准备充分的人。""不能只图快，导致别人听不清内容，心急吃不了热豆腐。""不同的新闻内容可以尝试不同的语调，比如这则新闻是一条喜讯，就可以读得激动人心一些。"

"下面，有请第二播音室的播音员准备上台。你们的新闻内容是《我三十万大军胜利南渡长江》，时间是三十五秒。给你们一分钟的批注时间。"

一阵"沙沙"声之后，教室又回荡起激动人心的广播声。不同的是，这次紧张慌乱的表情少了，自信沉着的表情多了；平淡无味的声音少了，铿锵有力的声音多了。但还是一听见高低，很快我们就选出了三名最佳播音员，教室再次响起热烈的掌声。

我屏显了几组句子（原名和改句），请大家对比朗读，发现一字一词在情感传递中的作用，体会新闻语言的严谨、准确。

下课铃响了，紧张热烈的气氛却丝毫未消减。笔者说："新闻的'闻'表示'用耳朵来倾听'，倾听的不是自己房里的声音，而是门外的声音，而且是门外不断变化的、传递着我们这个时代的最新变化的声音！多听、多思，小我就会成为大我。让我们倾听门外世界，关注社会人生。"

这节课，全班一大半学生走上了讲台。我还要再用一节课给另一半学生上台播报的机会，等学生熟悉了内容和结构，体味了语言和情感之后，再引导他们一起完成新闻采访和写作的学习。然后让每个人都能播一播自己的新闻稿，听一听别人如何从生活中发现价值，最终通过体验式学习一起感受关注生活、思考人生的意义和乐趣。

第一次采用这样的新闻教学方式，没有了一则一则的分析解读，没有了一个知识点一个知识点的积累梳理，更多的是学生体验活动，效果如何呢？还在尝试阶段中的我不敢妄论。但我想，相较于耳提面命地教导，试着让学生亲身参与语文实践活动，或许更能锻炼学生的思维能力呢！

《星空》绘本课教学案例

罗 璇

【绘本简介】

《星空》描述了一个关于成长的故事：有个不爱说话的少女，认识了一个不爱说话的少年，他们都不是最快乐的孩子。有一天，他们逃离城市，翻山越岭，来到少女的爷爷曾经住过的山中小屋。在山里的夜晚，他们看到了最美丽的星空，最后女孩走出了心理阴影。

【教学目标】

（1）概括绘本主要内容，分析人物形象。

（2）分享独特的阅读体验，记录阅读感悟。

（3）提高学生的阅读思维力和想象力，获得精神成长。

【教学手段】

采用多媒体教学，利用PPT展示图片和文字。

【课时安排】

一课时（45分钟）。

【教学过程】

一、导入（1分钟）

师：同学们，第一节阅读课没有书咱们看什么呢？

师：让我们一起来看一片美丽的"星空"。

（屏显绘本《星空》封面）

绘本《星空》封面

二、介绍作者（2分钟）

几米，本名廖福彬（1958年11月15日—），台湾绘本画家，一位用画笔描绘梦想、吸引无数读者为之疯狂、知名度迅速蹿升的当红绘本作家，同时也是一个腼腆善良的中年男子，不擅长用语言表达。他用敏锐细腻的心感受周围的人与事，将情感、思绪借由绘画传达他对大千世界的看法，偏好简单的居家生活，低调而淡泊。

三、阅读绘本（30分钟）

第一部分：PPT展示绘本图片和文字，教师读文字，学生阅读绘本第一部分。

抬头望着星空，世界变得好大好大。去年生日，爷爷送我一只小象。有时候……我想要独自一个人，用自己的方式跟爷爷说再见。

提问：

（1）小女孩生活在一个怎样的家庭里？

明确：不和爸爸妈妈讲话，也不知道讲什么。吃完饭就关上门，待在自己的房间里边。

爸爸妈妈都是工作狂，都不和女儿谈话。他们两个人时常吵架，就算两个人都安安静静，也有满屋子弥漫的压抑和沉重。

（2）小女孩在学校里边又是怎样的？

明确：为什么明明有朋友还会孤独呢？可以交心的朋友、不能真正理解自己的朋友。

《小王子》里边也有几句让人很心疼的话："到了有人的地方，也一样孤独。"

（3）为什么小象会变成大象？小猫会变成大猫？

这个问题暂时没有得到解决，我们继续往下看。

第二部分：PPT展示绘本图片和文字，教师读文字，学生阅读绘本第二部分。

一个寒冷的夜晚，我从梦中醒来，听见有人在唱歌。

……

而我却像是关在笼子里的小鸟，渴望飞向辽阔的天空。

提问：

（1）你觉得男孩是什么样的人呢？

明确：内向、不愿意讲话、沉默，同学觉得他是个怪胎；独来独往、只喜欢安静地看书、孤僻、拒绝别人的帮助。

（2）男孩和女孩有什么相同之处和不同之处？

明确：男孩更孤僻、内向，但是他无所谓，他一点也不想和别人交朋友，他觉得自己一个人自由自在；女孩很希望不要再这样孤独下去了，她渴望自由，渴望飞翔。

有一天，我遇见一群同学在暗巷里欺负他。

……

走吧！我们离开这个城市。

提问：

（1）女孩和男孩成为朋友后，女孩了解到关于男孩的什么事情呢？

明确：男孩对女孩打开了心扉，告诉女孩他的家庭、他的爱好。他说他喜欢和鱼说话，一个人在深山里度过好几天。他房间的灯光对于女孩来讲就像灯塔，就像星星。

（2）为什么他们两个决定离开这个城市？

明确：家里、学校、城市，父母、同学、社会的人们，各种矛盾，所以他们不愿再在这里待下去了，一点也不，所以他们决定逃离！

第三部分：PPT展示绘本图片和文字，教师读文字，学生阅读绘本第三部分。

爷爷好像只是出门散步，马上就会回来似的。

……

但我永远会记得那年夏天最灿烂、最寂寞的星空。（完）

提问：

回到最初的问题：为什么小象会变成大象、小猫会变成大猫，而小狗却没有变成大狗？

学生自主讨论，各抒己见。

四、分享感悟（10分钟）

（1）学生谈读后感受。

（2）分享教师写的阅读感悟。

（3）课下学生完成阅读感悟作业。

【教学后记】

绘本阅读课通常开设在小学，因为学生还来不及购买书籍，所以作为小初衔接的第一节阅读课，师生共读绘本是一个不错的形式。绘本以图配文，学生对此有强烈的阅读兴趣。儿童阅读专家王林认为，优秀的绘本具有更强的文学性，反映角色心境，投射角色情感，活化故事情节，营造场景氛围，协助读者建构故事主题。

一、选本

绘本选的是我曾在中学读过的《星空》，犹记得当时自己读的时候便觉得从故事里边得到了勇气和力量。《星空》这个故事的两个主角也是和初一学生差不多的年纪，他们所经历的烦恼和愁闷或许也是很多学生所历经过的，而且主角最后的豁然开朗能够帮助学生获得启悟和精神成长，所以这个绘本非常适合初一的学生阅读。在课堂和学生读的过程中，能够感受到他们非常积极活跃，有那种眼神发亮的感觉。

二、共读

这个绘本比较短，如果让学生看图、看字大约20分钟就可以看完，在一节课的时间里可以很好地保持绘本阅读的完整性。但是光让学生读和看是不够的，必须停下来留给学生思考的时间，这也是学生自行阅读难以做到的。师生共读的时候要停下来鼓励学生提问题，同时让学生分享自己的阅读体验。所以，我把这个短篇的绘本分成几个部分，调动学生的阅读期待，让学生猜测和想象下面发生了什么，提问的时候引导学生联系自身的经历来分享体会。

三、感悟

最后让他们写阅读感悟，因为感悟要利用文字才能成形。如果只让他们用语言分享，很多深沉的想法则不能表达出来。他们知道这是个好故事，但是带来的感悟思考却只是在脑中惊鸿一瞥便氤氲散开了。写这个步骤至关重要，倘若要思索些意义，靠的就是写出来，在写的过程中自然而然就流淌出来、深刻起来了。

在布置学生写之前，我先给学生分享自己的阅读感悟，示范一下阅读感悟怎么写，把读后的想法一股脑写出来即可，也算是起到抛砖引玉的效果。学生津津有味地看完之后再自己写，他们的作业让我眼前一亮，看来他们的确把这个绘本读到心里去了，所以才有那么多心里话想讲吧！看着学生从绘本里同样得到温暖和力量，这种欣慰真是难以言表，这样的阅读课再上多少遍也愿意。

四、成果

以下摘录几个学生的感悟分享：

他俩还没认识之前，都是故作坚强，但其实都是在自欺欺人罢了。男孩表面上不想交朋友，可他比谁都想交朋友，只是伪装而已。女孩装得比谁都酷，也有一些朋友，但她的内心却是脆弱和孤单的。她找不到心里那道光，才会觉得世界很大很大，自己很小很小。在这个找不到一丝星光的城市中，她没有任何安全感，也没有一丝温暖。当他俩碰见时，两颗同样孤寂又不快乐的心碰撞在一起，建立了单纯的小小友谊。女孩因为男孩，终于找到心中那道闪亮的光芒。从此以后，女孩变得开朗，小狗不再变成大狗，有阴影的地方必有光。

在女孩心中，男孩才是女孩的魔术师。他让女孩变得开朗，学会面对生活，学会被爱，让小女孩懂得：爱要用心，在爱别人的时候，先要爱自己。让我明白了，在你的人生中，总有一束明亮的光，照亮无数失眠的夜晚，照亮前方的路，总有那束光在茫茫星空中照亮你坚定的眼眸，我们只需静静等待它的出现。希望在天底下最寂寞、最灿烂的星空中，找到属于你的那束光。

看完这本星空，我感受到了女孩的孤独与寂寞。虽然我没有体会过这种寂寞，可是文字告诉了我。小女孩之前的性格冷漠而孤僻，在遇到了男孩之后，被关在笼子的小鸟逐渐飞上了湛蓝的天空。而男孩就像女孩生命中的"摆渡人"，给女孩带来了无限的温暖与欢乐。男孩和女孩之间的友谊就如那幅美丽的《星空》，那美丽的星空诉说着女孩和男孩最纯真的友谊。在我们看来，男孩是女孩生命中的过客。可是在女孩心中，男孩就是心底那颗最温暖、最美丽的星星。我们一生中也会遇到这位"男孩"，只是需要时间的等待。

第三篇

教学叙事

我的阅读故事

范妍妍

　　我的学生时代开始于一个偏僻的乡村学校，懵懂无知的我，在小学二年级才开始接触课外书，那是我第一次读到课本以外的文字和图画。那是二年级的语文老师，在午休时递给我一本故事书，让我坚持读几天。故事的内容我早已经忘记了，但是对那时候的惊喜感似乎还有些印象，这就是我的阅读故事的开始。

　　后来，我转到了镇上的小学，小学的图书馆在我五六年级的时候开放了，面对着一排排的图书，我竟有些震撼。当时的我太贪心，抱了一大摞书回家，我记得有一本厚厚的《鲁迅杂文集》。当时回家要走路近40分钟，我就把这本砖头一样的书扛回了家。回到家，自然是没怎么翻看，因为那时几乎看不懂鲁迅的文字，就问读初中的姐姐，她说鲁迅的文字很尖锐。后来，我在姐姐房间的抽屉里翻到了《红岩》《悲惨世界》。我记得我看完了《红岩》（多年后读研究生时，我选修导师的当代文学研究课，在研究的文本群中，《红岩》就是其中的一本，这里似乎有一种回应），也翻看了《悲惨世界》，记住了冉阿让这个名字。

　　再后来，我上了初中，那位个子不高但是嗓门很大的语文老师有一段时间买了一大批中外名著，堆满了他的书架。作为语文科代表的我，每逢到老师那里交作业的时候，就找机会向老师借一本书。我记得我借的第一本外国名著是《简·爱》，一直到大学本科，我最喜欢的外国小说还是《简·爱》。看完了《简·爱》，我开始疯狂地向老师借书看，《巴黎圣母院》《茶花女》《童年》《在人间》《我的大学》《朝花夕拾》《呐喊》《子夜》《骆驼祥子》

《日出》《雷雨》等，都是那个时候看的。

转眼间，我从大学中文系本科一直读到现当代文学的硕士研究生，毕业后成了一名初中的语文老师。

我也在我的办公室摆满了各种书，找各种机会向学生推荐书籍，并且开始和学生一起共读一本书，开展班级的读书会，参与学校的读书月等各种活动。我的角色从学生变成了老师，而我的阅读故事也在继续。

教初一的时候，我曾经在班会课上组织过一次读书分享会。那时候，班里的学生很活跃。有一个心思细腻的小男生，举手要分享《简·爱》。我想，城市里长大的学生应该早熟到会勇敢地表达小说里的爱情故事了。然而，这个学生却向我们重点述说了简·爱和爱伦之间深厚的友谊，他说着说着竟红了眼圈，感动地流出了眼泪。这是我教学生涯中第一次遇到学生哭，居然是被《简·爱》里的故事所感动，我内心突然也变得温暖起来。于是，我也和学生们分享了我阅读《简·爱》的故事。似乎，有时候生命中过去某个阶段会和当下的某个阶段相互回应，这种感觉真是奇妙。

教初二的时候，我在文学社里上阅读课。摸索了一段时间后，还是觉得如果和学生共读一本书或许效果会好一点，于是我让文学社的学生一起阅读鲁迅的《朝花夕拾》。虽然这是教材中的必读书目，但是学生对教材的推荐并不感兴趣，甚至有个喜欢阅读的学生告诉我，他不太喜欢阅读名著导读的书，宁愿去看其他的书。但是我还是不死心，也可能是我太喜欢鲁迅了，于是还是挑了鲁迅的书。《朝花夕拾》里一共有十篇文章，我让学生们看着目录，随心情投票想读哪一篇。于是在每周的文学社聚会中，我就和学生一起读其中的一篇散文，并以聊天讨论的方式和他们一起想象作者笔下黑白无常的样子。在读到《藤野先生》的时候，我们一起画一画鲁迅的老师藤野先生的样子；读到《父亲的病》的时候，我顺便给大家介绍了一下鲁迅的大致经历。在学生看不懂鲁迅的某些批判性文字的时候，也会提出一些文学史的问题，我简单地向他们解答，他们似懂非懂地听着。我突然想起，十几年前我读初二的时候，我也曾向老师说《朝花夕拾》看不懂，老师具体说了什么我记不清了，只记得他说读鲁迅的书要结合他的写作背景。看！又一次生命的回应，真是奇妙。

有了这次文学社共读一本书的尝试之后，我在班级组织了一次共读一本书的活动，以QQ群为交流平台，每天打卡阅读《红星照耀中国》这本书。里

第三篇 教学叙事

面的革命人物形象都很鲜活，毛泽东、周恩来等人物的革命经历、人物性格都十分鲜明，刚好初二的学生也正在学中国近代史，可以结合着历史知识来读这本书。他们有时候也会问我什么是布尔什维克、什么是马克思主义等历史学、哲学的概念，也会提出自己对历史人物的看法，尽管他们还不能完全理解，但是当我看到他们在群里踊跃地讨论，感到一种莫名的欣慰和感动。对学生来说，也许这就是阅读带来的最大的乐趣吧。于我而言，看到学生沉浸在阅读之中，也是阅读带给我的另一种乐趣吧。我和学生共花了大约一个月的时间，陆陆续续打卡21天，把《红星照耀中国》读完，之后我把每个学生每天几百字的阅读心得整理成册，变成了他们自己的阅读笔记。当我把每个人的阅读笔记排版好并打印出来，最后交给他们的时候，看到学生欣喜而又好奇的眼神，我不确定这样的做法对学生有什么帮助，但至少会成为他们这段时间的一种阅读记忆吧。

在上学期期末，有个学生又向我借书，她"瞄"上了我书架上厚厚的《静静的顿河》。暑期过半之后，她给我发来了阅读心得，并且给我写了一封信，信里说她小学的时候一点儿都不喜欢阅读，而到了初中开始喜欢阅读了。这个学生也从入学的297名，一点儿一点儿地进步，在期末的时候进步到了43名。我愿意相信，这就是阅读改变学生的一个好例子。

这是我工作两年以来的阅读故事。关于书的名言有很多，"书籍是人类进步的阶梯""书中自有颜如玉""为中华之崛起而读书"，这些豪言壮语我们都会背，但是我想，阅读真正的乐趣与享受是存在于实实在在的阅读过程中的。我的阅读故事与乐趣始于自己的阅读经历，而如今又多了一种阅读乐趣，就是让学生喜欢上阅读，带着学生一起读书，和学生一起享受阅读。

成语大会显身手

陈 媛

"今天的课先上到这儿，明天我们举办成语大会！"

伴随着一阵欢呼，学生翻开了课本，捧起了成语词典，从字里行间寻找着成语的蛛丝马迹。

受央视《中国成语大会》的启发，为了让学生感受成语的美与趣，更好地掌握和积累成语，成语大会也成了我们班每学期一届的保留节目。

上课铃还没响，成语大会的节目组已经各就各位，学生七手八脚齐上阵，主持人早已背好了报幕词，计时裁判拿起了手表，计分裁判划分好了小组，就连"赞助商"也看准商机抢占了版面。

"铃铃铃——"

"中华成语，博大精深！欢迎大家来到六约成语大会现场，我们是主持人小黄和小王。接下来请听游戏规则，每两人为一组，一人看题一人猜词，限时两分钟，猜对成语最多的队伍获胜。看题的选手可以用言语描述或肢体动作给队员提示，描述过程不能出现题目中的任何一个字，不能用任何口型提示，描述用语中出现题面字即为犯规。对于选手感觉过于困难的题目，描述者或猜词者可以选择'过'，每组选手有一次犯规和一次'过'的机会。话不多说，下面有请第一组选手上台！"

在热烈的掌声中，第一组选手踌躇满志地走上讲台。主持人给出题目后，尽管看题的学生用夸张的肢体动作向队友演示着成语的意思，但猜题的学生似乎总是无法接收到他的信号，带着疑惑的表情看着队友。看题人急得抓耳挠腮，台下的同学也笑得东倒西歪。

　　"时间到！"严格的计时裁判按下了计时器，计分裁判也干脆利落地在这组选手的表格里画上了一个"鸭蛋"。出师不利，第一组队员没了上台时的神气，懊悔着回到了座位。第二组上台的选手是两位羞涩的女生，没有夸张动作的她们有着默契的暗号，伸出几根手指表示成语里的第几个字，指指某个物品对方就能心领神会。凭着相互间的默契和对课内成语的熟悉，这组选手获得了6分的好成绩！

　　接下来的几组选手吸取了前面选手的经验教训，先把成语意思了然于心，再和队友配合好默契暗号，在紧张的比赛时间里合理利用犯规和"过"的机会，把分数提高了不少。

　　快下课了，我们评选出猜词最多的队伍，教室里响起了热烈的掌声。我总结道："成语所承载的人文内涵非常丰富和厚重，大量成语出自传统经典著作，表达着中国的价值观，堪称中华文化的'活化石'，是中华民族宝贵的文化遗产，也是很值得大家学习和探索的。我希望同学们通过成语大会发现成语的美，用心感受中华文化的魅力！"

我心中的桃花源

陈 颖

　　部编版语文教材将《桃花源记》放在八年级下学期第三单元第一课，肯定了其重要性。无论是从内容上还是思想上，这篇文章值得我们细细分析的地方都比较多。

　　《桃花源记》讲述了一个与世隔绝的地方，这里的人一开始来的时候只是为了躲避战乱，但是他们最终建立起一个大同社会。除了没有战乱，这里的人还相互依赖、彼此分享，就连接待外人他们都保留着热情好客的风俗。民风的淳朴使这里缺乏竞争，人们在此安居乐业，从先秦一直生活至魏晋时期。无论外界发生了什么，无论人们如何寻找，都无法再次找到桃花源。这也成为一个谜题，究竟桃花源是当时人们的想象，还是确实存在着一个类似的桃花源呢？

　　这个问题是学生的关注点之一，更是执教者需要解决的问题之一，又能激发学生学习这篇文章的兴趣。我们首先从文章当中分别找出认为桃花源真实存在或者虚假的证据，这些证据主要集中在"中无杂树""男女衣着，悉如外人""不复得路"以及"南阳刘子骥"等片段上。逐一分析这些现象的可能性以及原因，并补充重庆酉阳桃花源景区以及陈寅恪和唐长孺先生的分析文章，让学生思考判断。通过质疑与引导，大部分学生认为陶渊明笔下的桃花源是虚假的，是在真实的基础上加工而成的，算是一种想象创作。部分学生则认为文章一开始就是假的，没有意义，只能当成一个故事听听。

　　为了引导学生理解这篇文章，理解作者的创作意图和文章的思想性，我将"此人一一为具言所闻，皆叹惋"作为小作文布置，让学生想象桃花源人和

第三篇 教学叙事

渔人说了些什么。学生通过练笔，再次加深了对"先世避秦时乱"的理解。通过展示部分学生作品，他们逐渐理解了桃花源就是一个逃离战乱、和平安宁的栖居地。如何超脱战乱与和平这一主题，将人们对当时社会的美好期待传递给学生呢？我依旧采取小作文的形式，将题目定为"我心中的桃花源"，既是一种检验，也是一次升华。

学生作文1：

当我走进那个山洞时，借着一丝光到达了山洞尽头。一探头便看到这样一幅景色——近处，有一家蛋糕店，队伍整整齐齐，从里面出来的人无不洋溢着笑容。不远处有一片翠绿的竹林，随处可见花草树木，人们也十分小心，不会踩在上面。

一个女孩子走过来说："小妹妹，你从哪来的呀？都没见过你。"我迟疑片刻回道："我是不小心路过此地，打算进来探查一番，无心之失，如果有冒犯还请谅解。"女孩子摆了摆手说："没事，你想去我家坐坐吗？"我本想拒绝，但看她期待的眼神，竟鬼使神差地同意了。

女孩子跑过来牵住我的手指向她家的方向。她家是一间木屋。她直接推开了门。我惊问："你忘锁门了？"她问："为什么要锁？"满脸疑惑。我着急地说："你赶紧检查一下你有丢失东西吗？"女孩子笑道："我们这里的人都不锁门。"

说罢，像变戏法一样拿出两个馒头递给我，满脸笑容地说："我去给邻居送点吃的。"我再一次惊奇道："姐姐是要去送礼吗？送点吃的会不会不太好？邻居会不会不喜欢？"女孩愣住了，她说："小妹妹你在说什么，隔壁老奶奶家先生早年逝世，对面李伯伯的脚残了，我去帮一下他们。"

这一刻，我为心中的想法默默地厌恶，没想到姐姐这么善良。等她送完后，我和她攀谈起来。她向我讲述着自己的生活，我也讲着我的。说罢，她摇了摇头，说了句："乱！"

日暮时分，我向姐姐辞行，踏上了那乱世之地。

（作者：刘美旺）

学生作文2：

滴答、滴答……翩翩细雨滴落在水坑，池塘里发出清脆的声音，偶尔看见一两条蚯蚓爬到地面上呼吸新鲜的空气，经历雨水的洗涤。

过了一会儿，雨停了，男人们都会拿着农具出来干活，他们互相问好，用尽全力给地面来了一锄，头上略有几滴汗水，但他们仍旧不停地锄地。几个孩子脸红扑扑地跑过来为他们擦汗，田地里一片和谐。女人们则在家里织衣服、做鞋子、照看老人，心里满怀期待，期待自己的丈夫和孩子穿上这精心编织的衣服。

草丛中不时闪过几个调皮的身影。"快，抓住它。"他们一边追赶着蝴蝶一边大声喊叫。小女孩则在那儿玩着过家家。忽然，一个调皮的身影从旁边闪过，泥坑里的水四面飞溅，打湿了女孩们的衣裳。她们互相打量，随后大笑一声。偶尔来了一个陌生人，孩子们也大方地为他指路。

翠绿的树林中不时传来几声鸟叫，清脆动听。远在田地劳作的男人们听到自家传来狗叫声，便知晓家里有人来了。村庄后面的高山也令人十分敬畏。牲畜们也都发出欢快的叫声，鸡、狗、猫、牛、鸭之类的动物，样样都有。

傍晚，一家人围坐在一块儿，互相夹菜、聊天，无不是一种幸福。偶尔来几个邻居，他们也都大方地邀请一同享用，十几个人你问我、我问你的，热闹无比。直到夜深人静，灯火都熄灭了，在黑夜里静静等待第二天的到来……

这就是我心中的世外桃源，虽然很平凡，却是我唯一的向往。

（作者：冷粤越）

通过在班里展示多位学生的例文，大家对《桃花源记》这篇文章以及对陶渊明的认识均有所加深。但最明显的问题就是学生把"我心中的桃花源"等同于吃喝玩乐，格局比较小，没有认识到桃花源是一个小社会。通过点拨启发，学生也意识到自己的问题，并加深了对理想社会的认识，能够从更高的层次分析现实。

第三篇 教学叙事

为师之趣

李雪

我认为，当教师最大的趣味就在课堂，学生就是教师的创趣师。

趣在课堂的惊喜。当教师走入教室的时候，学生齐刷刷地看向教师，真有一种走T台的感觉。学生在教师的起承转合带动下或喜或悲，或沉思，或大悟，或慷慨陈词，或深情演绎，几十个学生带来的生命律动是那么让人沉醉。记得在上《最后一次讲演》时，在教师读完第一段时，班里的学生不约而同地鼓掌，让教师在诧异之后更有着满满的成就感。作为一名教师，还有什么比学生的认可更让人心潮澎湃的呢？同时，在创设了这样的氛围之后，班里学生的状态得到了激发，一节演讲课上出了浓郁的语文味，学生摩拳擦掌、争先恐后地参与到课堂中来，大家抢着讲、比着讲，这样的学习氛围超出了教师的预设。但，这才是超越。

趣在学生对课堂的创设。课堂是学生和教师共同生成的教育活动，一节课让学生表现得越多，他们的收获越多，教学效果就越好，这是一个良性循环。在讲《蒹葭》的时候，我带他们读了两遍之后，就让他们谈自己的感受。有的学生说读出了一种很迷茫的感觉，问其原因，他说："这个人来来回回地寻找，一直都没有追到目标，而且这个目标总是在眼前却又追赶不到，这种感觉真让人难过。"听了他的话，很多学生都不自觉地点头。看到这样的情形，笔者心里乐开了花，因为学生从自己的角度讲出了这首诗的核心，接下来进入文本赏析就很容易了。我认为，有的时候教师的讲解因追求表达而过于文绉绉的言辞，反而会让学生在理解的过程中有一点距离感。于是在接下来的教学过程中，我没有按照预设的课堂教学步骤去完成这节课，而是循着这位学生抛出来的"玉"，让其他同学继续深谈自己的感受，我只是见缝插针地在知识性节点进行提醒。比如说蒹葭，也就是芦苇的形态与这种迷茫之感有没有关系，这里用了什么样的手法。就这样，一节课洋洋洒洒地上完了，很多学生都有一种意犹未尽的感觉，课后还在将话题继续延伸，他们在互相问："你能做到这样的执着吗？"听到这样的讨论，我真的很感慨，语文的人文性本身就在于学生对生命的深度思考和对人生的深入追问，这样的激荡就是为了沉淀出高尚的人格和至臻至善的道德情操。这样想来，难免有些沾沾自喜。

还记得刚刚步入职场的时候，老校长开会时深情地说："我们要把教育当作一生的事业。"彼时，我还不知道这句话的深意，以为只是领导在强调工作的态度。现在想来，这是一位老前辈的肺腑之言。教师是一个特殊职业，我们虽然也是在用专业去完成工作，但却不只是工作。因为我们面对的是鲜活的生命，我们的一言一行、一举一动都是教，是样板，所施加的教育影响有效期可能长达一辈子。一辈子，这是多么简单的三个字，却又是多么沉重的时间长度。因此，作为一名教师，我们必须深刻认识到教育是事业，需要以敬畏之心来维护；受教育者是未来，需要以赤诚之心来打造。如何敬畏，如何赤诚？惟为师者善趣，则课堂常新；从教者乐趣，则育人从温。

第三篇 教学叙事

浅谈语文课堂里的德育教育

崔维刚

近日在教授《论语》十二章，我备好的三课时硬是上了五课时才结束。除了常规文言课堂的文言落实，除了结合学校力推的读经拓展，现在想想还有不少德育渗透。

著名教育家陶行知曾教诲后辈师者："千教万教教人求真，千学万学学做真人。"所谓"求真""做真人"，应该是基于学生健康发展而提出的教育的终极目标。时下的教育，不少同行都听过"语文味"这一说法，语文课应该有语文特有的味道和魅力。我认为，把德育渗透其中，让语文花开之中也有德育的一抹沁人心脾是非常必要的。

不只是一些教育泰斗提倡语文课堂要融入德育，我们的《语文课程标准》对此也有明确规定和强调。培养学生高尚的道德情操、健康的审美情趣、正确的价值观、积极的人生态度，这都是语文的教育任务。语文课堂里的德育不是简单的思想教育，不是做任务，应该是顺应课堂发展而自然、合理、巧妙的课堂生成。下面我以几个课堂片段浅谈个人感受。

《不朽的失眠》——感受艺术之大与荣辱得失之微

首先，《不朽的失眠》并非语文课本中的课文，是我为学生提供的课外读物。这篇文章虽然没有细致地学习，但是师生一起做批注式学习，学生在对比中深化了对批注式学习的认识，也在我的引导下做了一回审判官，做出了艺术与个人得失之间孰轻孰重的选择与判断。

这篇文章的学习，我首先准备好原文，但没有提前下发，而是直接在课堂上发给学生，简单校正几个字词的读音之后，和学生一起大声朗读全文，之后就是让学生直接谈初读一遍之后的感受。学生普遍回答文章写得很精美，展示自己觉得文章的美点在哪里，并陈述理由。然后，师生一起为这篇文章做批注，再展示分享。初一学生受困于自身阅读理解与表达的不足，多从语言的精美上下功夫来赏析，也有部分语文素养较好的学生谈及文章的主题或写法。有学生答道，"不朽"的是"枫桥夜泊"，永恒的是这首诗歌而非那一场失眠的经历。看到学生答了这一点，也没有再继续挖深的可能性，笔者展示了自己对文章主题的批注："本文讲述的是张继落榜失意泊船苏州而夜作《枫桥夜泊》的故事，其中警策世人的是亘古恒传的哲理：一时的功名荣华都是过眼烟云，而艺术的永恒才是不朽的，值得人们为之倾心竭力。"本文体现了作者所抱有"人以文传"的价值观，启迪世人对"得与失""成与败"做出辩证的理解。范仲淹在《岳阳楼记》中写道："不以物喜，不以己悲。"他把个人荣辱得失放在"忧其民，忧其君"之后。正如张晓风在文章结尾说的那样，有谁还记得当年披红游街的状元郎？真正永垂不朽的是艺术的魅力。在给学生展示完之后，让学生回去查阅资料，针对那些为艺术献身、置个人荣辱安危于不顾的历史名人，并抄写人物事迹，为自己心目中的名人写一个颁奖词。

这一节课的德育体现就是学生在概括主题的时候正好欠缺理解能力与表达能力，教师又顺时而上加以讲述。这样一来，学生在深入领悟主题的时候悄悄地接受了思想的洗礼和熏陶，就可以达到鼓励学生追求理想矢志不渝、忘怀得失，从而终有所成。

《秋天的怀念》——感受母爱的厚重与伟大

《秋天的怀念》是当代著名残疾作家史铁生的经典散文，结合作品的主题，我首先把德育的切入点选在感受母爱的厚重与伟大上，然后设计相应的教育环节。在备课之前，我查看了几个《秋天的怀念》的优质课例，无一例外都在备课中有体现德育教育的教学环节。比如，学生自己收集母爱故事、看公益广告等。德育环节是这样设计的：第一，学生带手机，给自己的妈妈发信息，没有带手机的给史铁生的母亲写一张表达感激怀念的明信片；第二，与学生合唱歌曲《天之大》。这两个环节给学生极大的震动。首先，我们明令禁止带手机到学校，但是却给学生布置作业要求带手机过来。布置这个任务的时候，很多学生提出质疑，以为是套路。另外，教师和学生合唱歌曲也让学生过了一把瘾，毕竟多是让学生自己来表演。从课堂教学环节来看，用三课时来完成。第一课时是整体感知课文，在朗读中感悟母爱。第二课时是赏析文中的细腻描写，体会母爱。这一环节以一个大问题统领，找出文中能体现母亲伟大与痛苦的语言，揣摩人物深沉而又复杂的情感。第二环节是整个教学的核心，也是第三课时能否达到效果，让这一课走进学生内心的关键点。在这个部分，我还给学生朗读了《我与地坛》《合欢树》的几个经典语段，同时也拓展了林清玄的散文《鳝鱼骨里的妈妈滋味》，学生收获了对文本的理解和如何鉴赏的知识与方法，也为后面的课堂设计奠定了一定的基础。学生发的信息虽然我没有一则一则去看，但是即便学生只是说了"我爱你妈妈"这样简单的一句话，母亲收到之后也一定会有后续的情感互动，这无疑就达到了之前的德育目标了。

语文教材中关于亲情这一话题的名篇佳作非常多，亲情教育也不是德育或者班主任教育学生独有的内容，在语文课堂上渗透亲情教育、感恩教育，《秋天的怀念》是一个极好的素材。

语文作为一门基础学科，就好比是写给生活的情书。情书是美丽的，所以语文课堂应该有学科自身独有的亮点与味道。写给生活，就是强调语文学习应该与生活体验、人生阅历相互联系。生活需要法规准则的约束，也需要道德修为的润泽。语文源于生活，语文课堂也不能少了德育的一片天地。语文课巧妙地嵌入德育教育，必能让学生在书本之外获得更多生活的真知灼见和艺术美的享受。所以说，一个好的语文课准备一个好的"切入点"，不失时机对学生进行深入浅出、潜移默化的教育，一定能够起到"润物细无声"的效果，也能实现"道"伴"文"行学语文的目的。

激发兴趣，渲染氛围

——语文教学展评学习法初期成效

刘梦玲

　　"老师，我预约下一节课导学案的讲解。"下课后，小郑激动地跑上讲台跟我说。随后，小游、小钟、小郭纷纷预约。这是展评学习法进行第四周学生的表现。

　　在展评学习开展的初期，学生自我展示的热情越来越高涨，这让我特别欣慰。一个多星期导学案的准备，花费较多时间讲解展示，但看到学生对展评学习的喜爱，准备和施行中的困难显得那么微不足道。

　　学生展示能力的差异让我困惑。展示能力较强的学生，可以让课堂十分流畅。但是展示能力一般的学生，让课堂的节奏变得十分缓慢。为了更好地把握课堂时间，以及更好地锻炼大部分学生的展示能力，我该用什么方式呢？教学设计的难易程度要均衡。容易的练习，例如生字词基础知识，让基础薄弱的学生进行展示；分析课文的练习，让基础一般的学生进行展示；综合性的练习，让基础较好的学生展示。其间，我对重难点适时地加以点评。

　　预约活动也采用激发学生的方式进行。例如，规定每天四名预约学生，预约学生具有自主选择小助手的机会。说到选择小助手，我们班的学生热情特别高涨，学生总希望能成为别人的小助手。我新增选择小助手，是因为当时学生一边讲一边指着屏幕实在不方便。一是因为学生既要辛苦高高地仰着头看屏幕，又要思考如何讲解，难度特别大；二是因为学生展示的胆量还不足，多一个同学协助可以增加胆量。但是没想到，学生居然喜欢当小助手。在一个活动里不可能每个人都是主角，所以让学生知道了不做主角也一样快乐。小助手也让内敛的学生有勇气上台展示，体验展示的快乐。

体验后，便有了很大的收获。无论如何，学生体验了语文展评学习法，我也体验到展评学习法给语文课堂带来的生机与高效。学生在展示和接受评价的过程中，体验到了学习语文的快乐。时下流行"翻转课堂"，虽然目前我们还没有条件实行，但是我们将课堂的主动权交给学生，不再拘泥于以前教师主讲的教学模式，这是我们课改的主方向。

那么教师是不是不需要有基本技能了，将课堂交给学生即可？其实不然，教师需要有示范作用。在学生练字的时候，我也与学生一起练字。当我写完一个字的时候，班上雷鸣般的掌声响起。当时我有点儿不好意思，我这字比起学校书法专业老师的字实在是不堪入目，但是学生却说："老师，你的字好漂亮。"此时，我说："老师的字很一般。"小戴马上说："老师，你太谦虚了。"为了让学生有信心练好字，我一笑带过尴尬，说："只要你们好好练，就会比老师写得还好看。"随后收上来的练字帖，学生的字真的进步不少。此时我在想，七年级老师虽然不需要一笔一笔地教学生练字，但是必须要有一定的书写基本功感染学生。

第四篇

教学设计

《散步》教学设计

宋晓朋

【教学目标】

（1）对人物描写的方法、景物描写的作用等说出自己的体会。

（2）通过对一家人互相"顺从"的关系，发现文章中的"人情美"；通过对"铺""咕咕"等词语的比较，说出文章中的"景物美"；通过对对称性句子的朗读，指出文章的"句式美"。

（3）对文中"我"的选择做出自己的判断，认同"孝"文化的价值理念。

【教学重点】

对文章"文质兼美"特点的体会和认识。

【教学难点】

对"责任""选择""整个世界"等深层含义的理解。

【教学流程】

一、"从"字见"人情美"

师：《散步》不仅被大陆的中学课本收录，也连续多年被香港和台湾地区收入教材，因为它文质兼美。我范读课文，同学们边听边想：这篇文章美在哪里？

提问：

（1）用"从"字组词。

（2）由文中的"从"字，你读出一家四口人怎样的形象？

学生活动：组词，在书上做批注。

设置意图：学生能根据母亲听从儿子看出她老迈、慈善，能根据奶奶顺从孙子看出她慈爱、包容；能根据妻子听从丈夫看出她贤惠、温和；能根据儿子服从父亲看出他乖巧、懂事；能根据"我"依从母亲看出"我"孝顺；能根据"我"不顺从母亲看出"我"疼爱母亲。尤其是根据"我"的"不从"和"从"，看出我人到中年的责任感以及以顺为孝的美德。

师：文章结尾的句子如何理解？

学生活动：重点对"稳稳地""整个世界"等词语做批注，学生之间交流意见。

设置意图：在上面对一家四口和谐关系深入了解的基础上，能够根据自己的理解和体会，说出中年人在一个家庭中起到承上启下的作用，肩负着不可推卸的责任，由此突破学习的重点和难点。

二、"炼"字见"景物美"

师：

（1）文章第四段中的"铺"能不能换成"长"？

（2）你还欣赏哪些词语？为什么？

学生活动：在比较中圈画，写出自己对景物描写的欣赏。

设置意图：学生能通过反复比较体会文中景物的美好、恬静，给人以无尽的想象，烘托出一家人愉快的心情和勃勃的生机，是一首生命的赞歌。

三、"对称句"见"句式美"

师：勾画出文中结构对称的句子，反复读一读，体会一下这些句子读起来有什么特点。

学生活动：勾画、朗读，组内交流自己的朗读感受。

设置意图：文中多处运用结构对称的句子，学生在朗读中体会到这样的语言富有节奏感和音韵美。

四、读、背美文

师：《散步》一文文虽短意却长，慢慢读来给人以无尽的美的享受，那就让我们再读一读课文，背一背其中优美的文字吧。

板书：

散　步

莫怀戚

"从" ——人情（语言、动作描写等）

"铺" ——景物（声、色、形具备）　　　　美

"对称句" ——句式（朗朗上口）

愿你的生命盛开如花

——《紫藤萝瀑布》教学设计

谢锋俊

【教学目标】

（1）了解作者的经历和写作背景。

（2）感受作者的情感变化，从而掌握文章主旨。

（3）激发学生热爱生命、珍惜时光的情感，鞭策学生努力学习、创造美化生活的热情。

【教学重点】

结合历史，深入了解作者的情感变化，从而掌握文章主旨。

【教学难点】

理清文章的线索，把握作者的思路，理解课文蕴含的人生哲理。

【教学设计】

一、导入新课

师：无论是动物、植物抑或是人，在既短暂又漫长的人生旅途中总会遭遇一些挫折、不幸和苦难，人类的历史也是一样。那么，我们应该以怎样的态度去对待生命中的不如意呢？今天，让我们到一条紫色的瀑布边去走一走，感受生命的色彩，倾听生命的歌唱！

（1）认识紫藤萝：图片欣赏。"紫藤萝"亦称"紫藤""朱藤""藤萝"，豆科，羽状复叶，春季开花，蝶形花冠，青紫色，总状花序，产于我国中部，供观赏，花、种、子可供食用。

（2）检查预习：字音字词。

二、作者资料及写作背景

宗璞（1927—），原名冯钟璞，当代女作家，为著名哲学家、哲学史家冯友兰之女。其小说《弦上的梦》1978年获全国优秀短篇小说奖，《三生石》获1977—1978年全国优秀中篇小说奖，另创作了大量的游记、散文等。《西湖漫笔》《紫藤萝瀑布》《丁香结》《水仙辞》《三松堂断忆》等，清雅脱俗，温馨自然，充满了情趣、理趣和文化气息。

作者是一位女作家，十年浩劫给作者的家庭带来巨大的磨难，一家人深受迫害，就连家门外的紫藤萝花也随之遭难，"焦虑和悲痛"一直在作者的心头。在拨乱反正后的1982年5月，作者的小弟身患绝症，作者徘徊在庭院之中，见一株盛开的紫藤萝，睹物思怀，于是在其弟病逝前写成此文。

三、速读课文，整体感知

（1）作者看到了什么？

（2）想起了什么？

（3）悟到了什么？

四、跳读课文，理解作者的感情

（1）作者的思想感情在文中发生了哪些变化？

（2）为什么会有这样的变化？（屏显："走近作者"——花朵背后的故事1～3）

花朵背后的故事1

我自幼多病，常在和病魔做斗争。在昆明时严重贫血，上纪念周站着站着就晕倒。后来索性染上肺结核休学在家。我曾由于各种原因多次发高烧，后来我经历名目繁多的手术，人赠雅号"挨千刀的"。

——《我的母亲是春天》

我活着，随即得了一场重病。偏偏没有死。许多许多人去世了，我还活着。

——《1966年夏秋之交的第一天》

花朵背后的故事2

不料，本是最年幼的他，竟得了肿瘤，肿瘤取出来了，有一个半成人的拳头大，一面已经坏死。我忽然觉得一阵胸闷，几乎透不过气来——这是在穷乡僻壤为祖国贡献才华、血汗和生命的人啊，怎么能让致命的东西在他身体里长呢！

......

1982年10月28日上午7时，他去了。

......小弟去的地方是千古哲人揣摩不透的地方，是各种宗教企图描绘的地方。也是每个人都会去，而且不能回来的地方。但现在却轮到了小弟，他刚刚五十岁。

——《哭小弟》宗璞1982年11月

五、研读课文，明确文章主旨

眼前的紫藤萝却让她从一直以来的焦虑和悲痛中感到宁静和喜悦。

（1）为什么？

（2）紫藤萝经历了什么？

（3）紫藤萝象征着什么？

（4）如何理解"花和人都会遇到各种各样的不幸，但是生命的长河是永无止境的"。

六、教师总结，寄语学生

总结：

第一，苦难是人生的题中应有之义，我们切不可怀侥幸的心理，认为苦难只会落在别人头上，而应该对自己遭遇苦难有足够的精神准备；第二，一旦遭遇苦难，我们就要勇敢地面对，以有尊严的态度来承受。

——周国平

寄语：

（1）勇敢面对生活，笑对人生。

（2）生活就像一面镜子，你对它笑，它就对你笑。

（3）生命的长河是没有止境的，人生应该豁达乐观、积极进取。不要因

第四篇 教学设计

一时的失败痛苦而气馁，坚持到底，你终能获得成功和幸福。

（4）在苦痛中坚强而又优雅地站立。

七、布置作业

（1）熟读课文。

（2）完成进程本练习。

《安塞腰鼓》教学设计

杜 慧

　　《安塞腰鼓》是陕西籍作家刘成章写的散文，最早出自1986年10月3日的《人民日报》，并被收录为2017部编版八年级下册教材第一单元第三课。

　　安塞腰鼓是黄土高原的"绝活儿"，它粗犷、雄浑、动力十足的风格正与当地自然环境、地理风貌、民风民情等浑然一体，不可分离。另外一点也颇有意味，它是人鼓合一的，没有一种乐器能够像它这样要求人和乐器的结合必须达到这样的高度。人的表演和乐器的"表演"完整地糅合在一起，二者相辅相成、相得益彰。所以，成功的表演是人借鼓势，鼓借人威，酣畅淋漓，精、气、神无阻无碍，一脉贯通。散文《安塞腰鼓》正是抓住了安塞腰鼓的这一特点。

一、情境导入——初识腰鼓（情境设置法）

1. 导入，礼赞黄土高原

投影：黄土高原图片。

师：这里是沟壑纵横的黄土高原，漫漫无尽的尘埃，五千年的岁月铸造了它，秦皇汉武的战车、成吉思汗的铁骑和五千年的历史打磨了它。有人说，这裸着青筋、露着傲骨的黄土高原是一条好汉，而激荡了它血液的安塞腰鼓正是它个性的喷发。今天，让我们一起来感受这黄土高原之魂——安塞腰鼓。

投影：安塞腰鼓、刘成章。

2. 模拟表演，感受鼓势

师：同学们可以试想一下，百千个陕北青年，以黄土高原为席，以苍天

第四篇 教学设计

为幕，一边击鼓一边呐喊，那真叫一个惊心动魄啊！不如我们一起来感受一下。很简单，请同学们把双手放在桌面上，我们边拍边喊。老师先示范，重复三次。

二、初读感受——气势美（朗读指导法）

1. 教师范读第7段

师：这样简单的活动就已经让我们心潮澎湃了，那面对着安塞腰鼓表演时的磅礴气势，作者刘成章是如何运用生花妙笔将这种无形的视听场景转化为形象可感的文字呢？我们首先通过朗读去体会一下吧！老师先抛砖引玉，来为大家范读文章第7段，大家可以边听边在大脑中想象一下安塞腰鼓的表演场景，感受一下它的气势。

教师配乐朗读第7段。

师：从老师的朗读中，你们觉得文章的主体部分应该带着怎样的语调来读呢？（激昂、高亢、充满了力量和激情、有劲……）

2. 重点段落个人朗读

师：我听说咱们同学课前预习得非常充分，每个同学都已经把课文读过两三遍了。接下来，我们再选取自己喜欢的段落，带着这种激昂、高亢和力量大声朗读。

学生练读2分钟。

师：同学们的朗读已经感染了老师，我已经迫不及待想感受一下了。

选取班级朗读水平最好的两个学生，进行个人朗读。教师总结，并投影朗读的相关要求，如发音准确、读得流利以及语气、语速、语调、停顿等。

师：朗读有三个层次，第一个层次是要读准确，第二个层次要读流利，朗读的最高境界是要读出情感。如果掌握了以上这些朗读方法，就能大体上将一篇文章读得有感情，读得声情并茂。

教师总结完，全班再齐读重要段落。

三、再读品味——修辞美（自主学习法）

师：这篇文章音韵和谐、字句铿锵，整体读来非常有气势。同时，文章中还大量使用了修辞手法。接下来，我们一起来品味这些修辞之美。老师推荐给大家一个方法——文本批注法。

师（投影相关内容）：在课本"他们朴实得就像那片高粱"处，老师进行了这样的批注：运用了比喻的修辞手法，生动形象地写出了年轻后生不做作、不招摇，就像高粱一样无华而茁壮，自然健康。下面请大家运用"文本批注法"对文章的修辞进行分析。

学生批注1分钟。

例1："骤雨一样，是急促的鼓点；旋风一样，是飞扬的流苏；乱蛙一样，是蹦跳的脚步；火花一样，是闪射的瞳仁；斗虎一样，是强健的风姿。"比喻、排比，突出安塞腰鼓表演时的恢宏气势，给人以排山倒海、不可阻挡之感。节奏急促，感情十分强烈。这里借鉴了杜牧《阿房宫赋》的写法"明星荧荧，开妆镜也；绿云扰扰，梳晓鬟也"，将排比和比喻连用，将本体和喻体倒置。

例2："容不得束缚，容不得羁绊，容不得闭塞。是挣脱了、冲破了、撞开了的那么一股劲！"句内排比，写出了陕北高原人们的性格特征，是粗犷、豪迈、开放的。强烈的节奏感，步步加深，一个比一个强烈，融入了陕北汉子的豪放性格，与众不同，格外有劲。

例3："这腰鼓，使冰冷的空气立即变得燥热了，使恬静的阳光立即变得飞溅了，使困倦的世界立即变得亢奋了。"句内排比，对比强烈，突出安塞腰鼓的特点和气势。黄钟大吕般的巨响，急促、雄壮、振奋，声响气势，不可阻挡。

投影关键句：好一个安塞腰鼓！好一个安塞腰鼓！好一个黄土高原！好一个安塞腰鼓！好一个痛快了山河、蓬勃了想象力的安塞腰鼓！

在这个环节中应通过多形式的朗读，让学生明确反复、排比等修辞手法的朗读重点，比如排比重在读出气势，读出递进；反复应读出重音，读出情感，等等。

四、三读探究——意蕴美（合作探究法）

师：本文语言激昂、高亢，充满了力量和激情，行文中使用了比喻、排比、反复等修辞手法，难道作者刘成章只是在赞美安塞腰鼓吗？你从文章中还读出了什么？老师在读这篇课文的时候，发现有几个句子很难理解，我想请大家进行合作赏析，以四人小组为单位，对以下几句话进行讨论：

例1：容不得束缚，容不得羁绊，容不得闭塞。是挣脱了、冲破了、撞开了的那么一股劲！

例2：多水的江南是易碎的玻璃，在那儿，打不得这样的腰鼓。

例3：它使你惊异于那农民衣着包裹着的躯体，那消化着红豆角老南瓜的躯体，居然可以释放出那么奇伟磅礴的能量！

我们看看作者刘成章是怎么说的：

关于《安塞腰鼓》（刘成章）

我在陕北发现了无数闪闪发光夺人魂魄的人类美质，因此当我决定此生以写作为业的时候，我就立誓，要把陕北那些令人感动的地方统统挖掘在世人面前。在写《安塞腰鼓》之前，我已接连写了好几篇颇有影响的文章。这些文章不但使陕北骄傲地在新时期美的视野中踏出一方天地，而且都贯穿着一条红线，那就是讴歌改革开放。那个时期，我满脑子都是改革开放。因为天地的巨大变化给我个人和国家都带来了希望，我对改革开放充满了热情。

师：本文写于1986年，改革开放的春风已经吹遍了祖国的大江南北，曾经贫困、闭塞、贫瘠的黄土高原即将挣脱、冲破、撞开这一切的困境。作者用深情的笔触书写出黄土高原的精神符号——安塞腰鼓，他把自己的欣喜、希望都寄寓在《安塞腰鼓》的文字之下，因此他笔下的安塞腰鼓独具魅力。

五、合作演读，总结全文

（1）欣赏安塞腰鼓表演片段。

（2）师生合作演读部分段落。

师：安塞腰鼓的钟声会戛然而止，但是我们人生的乐章永不会戛然而止。希望我们像黄土高原上的生命一般永远存在、活跃和强盛，希望我们像黄土高原人一样永远诗意地栖居着，敲响一曲属于我们自己的安塞腰鼓！

《济南的冬天》教学设计

程 梅

【教学目标】

（1）积累生字词，整体感知课文内容。

（2）通过朗读感知理解写景抒情散文的魅力。

（3）学习作者抓住景物特征展开描写、情景交融的写法。

【教学重点】

朗读课文，品味优美的语言，体会作者的感情。

【教学难点】

体会语言中蕴涵的浓浓的情味。

【教学方法】

朗读法、合作探究法。

【教学过程】

一、新课导入

师：深圳的冬天姹紫嫣红、绿意盎然，济南的冬天又有怎样的特点呢？请大家打开课本。（板书课题）

二、检查预习，进入学习

1. 环节一：字词

师：首先，老师来检查一下预习情况（PPT1），认识它们的请举手。

师：识记生字词是朗读的第一步。请大家常查工具书，走稳第一步。

2. 环节二：内容

师：第一遍读通，第二遍读懂（PPT2）。作者是从哪些方面介绍济南的冬天呢?

师：那咱们就先去品品那最妙的小山吧！（请大家齐读第4段）

3. 环节三：品山

师：山上、山尖、山坡、山腰，果然各具特色，妙点纷呈。你认为哪一句最妙呢？请把它选出来，读一读，品一品，待会儿咱们比一比，看谁读得好、品得妙。时间三分钟，开始。（出示PPT3）

品句1：指导个人读出感情

师：我们可以把重音放在哪里？语速可以稍微____？语调可以多一点____？

师：请两边的女生各读一次，看哪边最能读出"害羞的味道"。

品句2：指导小组读出韵味

师：大家都品出了山的妙处，那咱们每组读一遍，看哪组最能读出韵味？

品句3：品析语言精美

师：现在，我们不仅品出了小山的特点，还读出了修辞的妙处。老师有个疑问，能不能把这个"顶"字换成"戴"字呢？

师：品读要词不离句、句不离段，让我们完整地再读这一段。

师：看来，小雪不仅不能为济南的冬天增加寒意，反而平添情趣，更显温情。那水呢？（出示PPT）请大家标出四个句子的序号，每个组选择一句你们最欣赏的，赏一赏，读一读，待会儿咱们评出最佳朗读小组。

4. 环节四：赏水

师：大家能从不同角度赏出济南冬天之美，那哪一组读得最有韵味呢？

师：没有获奖的同学也不要灰心，朗读贵在以情带声。老舍在北京长大，21岁去伦敦大学任教，26岁回国，在山东任教7年，对济南有着深厚的情感。其实课文第一段就有一句话直接赞美了济南——"济南真得算个宝地"。是啊，正因为有了这别样温情的天气，才有了那秀气可爱的小山和清亮暖人的泉水，难怪先生称之为"第二故乡"。

5. 环节五：朗读全文

师：最后，就让我们带着这种对故乡的依恋美美地朗读全文吧！全体同学，请打开朗读材料。

三、课堂总结，布置作业

师：感谢大家，让我拥有这么美的享受。感谢老舍，写了这么美的文

字。如果让我们描写自己的家乡，我们可以借鉴课文中哪些写法呢？（完成副板书：抓特点、细观察、用修辞）

师：那心动不如行动，现在就牛刀小试、笔下生花吧！带着对家乡的深情厚谊向大家介绍《家乡的冬天》，形成200字以上的小文。

四、板书设计

主板书：

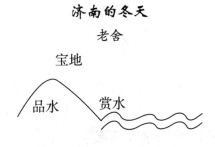

济南的冬天

老舍

宝地

品水　　赏水

副板书：

抓特点

细观察

用修辞

《一棵小桃树》教学设计

罗 璇

【教学目标】

（1）能正确、流利、有感情地朗读课文。

（2）品析描写小桃树的语句，体会作者对小桃树的独特情感，学习托物言志的写法。

（3）培养学生坚强不屈、勇于同困难做斗争的勇气。

【教学重点】

通过比较小桃树和作者的人生经历，领会小桃树的深刻内涵。

【教学难点】

通过对逆境中小桃树细致的描写，感悟作者对小桃树的情感。

【教法学法】

（1）品析关键语句：品味作者对小桃树细致入微的描写，感受作者对小桃树的特殊情感。

（2）比较阅读法：比较小桃树和"我"在成长过程中的共性，加深对文章内容和主旨的理解。

一、导入

（屏显）

姓贾，名平凹，无字无号；娘呼"平娃"，理想于顺通；

我写"平凹"，一字之改，音同形异。

——贾平凹《我的小传》

师：贾平凹原名贾平娃，自己改名贾平凹。他为什么要改名？通过学习这篇课文一起认识当代著名作家贾平凹，找到答案。

二、走进小桃树

学生自行快速默读课文，并跳读画出描写小桃树的句子。

阅读1~4段（用原文中的词语或近义词回答）

（屏显）

大家都＿＿＿＿＿＿＿＿桃树，笑话连奶奶也说它＿＿＿＿＿＿＿＿，可作者依然＿＿＿＿＿＿＿＿＿＿爱怜，相信这棵＿＿＿＿＿＿＿＿＿＿＿的小桃树。

师：小桃树的"可怜""没出息"表现在哪些方面？结合全文简要分析。

师：课本左边的批注对我们有一个提示，课本中多次描写小桃树"没出息"所以现在请大家跳读全文，画出能够表现小桃树"可怜""没出息"的句子，并且做一个概括。

外形猥琐、生长缓慢、受人嫌弃、孤独冷落，遭受外部力量摧残。

师：作者为什么那么关心爱护一棵这样的小桃树？跳读找出相关语句。

师：为什么在贾平凹的笔下是一棵这样可怜、被冷落、被摧残的小桃树？

师：我们知道这篇《小桃树》是一篇散文。散文就是以作者的自由之笔，抒作者的真情实感。王国维也曾经在人间词话里说："以我观物，故物皆着我之色彩。"所以，要知道小桃树为什么是这样的形象，我们必须要去认识谁？一起走近贾平凹。

三、走近贾平凹

（1）教师补充关于贾平凹的外形、家庭、求学经历，学生将小桃树的可怜和贾平凹的经历对照分析：

① 小时候的贾平凹自卑，不长个，长得矮，体质差；而小桃树也是长得很委屈，瘦黄，样子猥琐。

② 贾平凹出生在一个偏僻的小山村，长在22口人的大家庭里，从小不被重视。没有宠爱的小桃树也是一样没有人理会，被人嫌弃，从未有蜜蜂迷恋，都是受人嫌弃，孤独冷落。

③ 贾平凹初二的时候遭遇"文化大革命"，全校停课，只能回家，父亲又被批斗。小桃树也是受到了外界风雨和猪的摧残。

师：联系贾平凹的经历，你们懂了吗？他笔下委屈的、孤独的、被摧残的小桃树其实就是贾平凹自己啊。

（屏显）

社会的反复无常的运动，家庭的反应连锁的遭遇构成了我是是非非、灾灾难难的童年、少年生活，培养了一颗羞涩的、委屈的甚至孤独的灵魂。

——贾平凹《山石、明月和美中的我》

师：奶奶去世，回到家里的贾平凹状态怎么样？

师：他好不容易匆忙从城市里赶回老家，可是却连奶奶的最后一面也没有见到。对于贾平凹而言，奶奶对他而言是怎样的一个人？是大院里最疼爱他的人。是奶奶给他一颗桃子，给他一个核桃的种子，种下他的梦，而且这个梦发芽并且长大了。在别人嫌弃小桃树想砍掉它的时候，是谁保护它免受伤害？对，是奶奶护着它，给它浇水。

四、梦的精灵

师：贾平凹回到他曾经自卑孤独的家乡，可是城市也同样不属于他，内心抑郁，陷入迷茫。这个时候最疼爱自己的奶奶也去世了，真是雪上加霜，愁上加愁。这个时候他却在窗外看到了什么？（有感情朗读原文）

师：所以作者对这棵小桃树有着怎样的情感？

小桃树象征着"我"的幸福和希望，小桃树的坎坷经历又和我的经历相似，所以我关注它、爱护它。这是托物言志的写法。

师：你从小桃树的身上得到什么启示？

（屏显）

敢于克服困难，在逆境中顽强拼搏，做主宰自己命运的主人……

五、总结

（屏显）

贾平凹改名原因在于"正视于崎岖"。

正视崎岖，认为人生之路原本就是凹凸不平，坑坑洼洼，但是他选择正视面对。

师：从一株桃树上不仅能体察到作者一颗拼搏、进取的灵魂，还可以透视到作者的人生历程。《一棵小桃树》也不例外，它是贾平凹人生道路的形象写照。

师：小桃树历尽风雨磨难还保留一个花苞，让作者看到了希望，恢复了信心，重燃了斗志。作者面对这棵小桃树，醍醐灌顶地醒悟，也才会有这无以言表的感激。像小桃树一样敢于克服困难，在逆境中顽强拼搏，做主宰自己命运的主人。

第四篇　教学设计

《狼》教学设计

范妍妍

【教学目标】

（1）疏通文义，识记所涉文言文相关知识，翻译全文，理清故事情节。

（2）朗读课文，抓住人物、动物的动作与心理描写，分析狼和屠户的形象。

（3）品读感悟，体会故事中蕴含的道理。

【教学重点】

朗读课文，抓住人物、动物的动作与心理描写，分析狼和屠户的形象。

【教学难点】

品读感悟，体会故事中蕴含的道理。

【教学方法】

讲解法、朗诵法、探究法、翻译法。

【教学过程】

一、导入新课——展示关于狼的成语

形容大声哭叫、声音凄厉——鬼哭狼嚎。

比喻把坏人或敌人引入内部——引狼入室。

比喻凶暴的人居心狠毒、习性难改——狼子野心。

四处都是报警的烟火，指边疆不平静——狼烟四起。

形容心肠像狼和狗一样凶恶狠毒——狼心狗肺。

二、通读全文，读准字音和停顿

后狼/止/而前狼又至。

屠大窘，恐/前后/受其敌。

其一/犬坐于前。

意将/隧入/以攻其后也。

禽兽之变诈/几何哉？

三、译读全文，翻译全文

（1）展示课文文句和相关成语，引导学生掌握重点实词：

顾野有麦场（元方入门而不顾）；场主积薪其中（杯水车薪）。

恐前后受其敌（腹背受敌）；屠奔倚其下（倚马千言）。

眈眈相向（虎视眈眈）；意暇甚（好整以暇）。

（2）小组讨论，修改翻译。

（3）归纳词类活用文言现象：

其一犬坐于前。

一狼洞其中。

意将隧入以攻其后也。

（4）结合翻译，梳理情节。

情节梳理：遇狼——惧狼——御狼——杀狼。

四、析读全文，分析形象

（1）自由诵读，抓住细节，思考探究。

师：你从哪些句子可以看出，这是怎样的两只狼？

引导学生抓住狼的动作描写，分析形象。

"缀行甚远""并驱如故"——狼的贪婪和凶狠。

"狼不敢前，眈眈相向""径去""犬坐""目似瞑，意暇甚""洞其中"——狼的狡诈。

（2）个别朗读，引导学生抓住屠户的动作与心理描写，分析形象。

屠户的心理变化：

"惧""投以骨""复投之"——害怕、侥幸的心理。

"顾""奔倚""驰""持"——准备抵抗的决心和行动（机智）。

"暴起""劈""毙""转视""断"——勇敢机智的斗争精神。

（3）教师范读、个别朗读、学生齐读，读出人物形象的特点。

五、悟读全文，归纳总结

（1）说说这个故事告诉我们什么道理。

（2）结合理解，背诵全文。

六、布置作业

（1）发挥想象，将本文改编成一篇500字左右的白话故事。

（2）翻译课外扩展《竖牧》。

七、板书设计

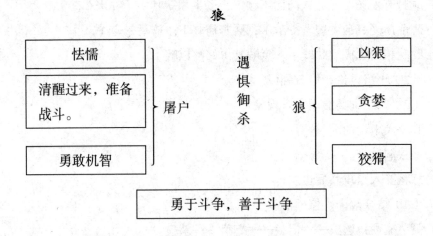

附录：

　　两牧竖入山至狼穴，穴有小狼二，谋分捉之。各登一树，相去数十步。少顷，大狼至，入穴失子，意甚仓皇。竖于树上扭小狼蹄耳故令嗥，大狼闻声仰视，怒奔树下，号且爬抓。其一竖又在彼树致小狼鸣急；狼闻声四顾，始望见之，乃舍此趋彼，跑号如前状。前树又鸣，又转奔之。口无停声，足无停趾，数十往复，奔渐迟，声渐弱，既而奄奄僵卧，久之不动。竖下视之，气已绝矣。（《牧竖》选自《聊斋志异》）

－ 136 －

《答谢中书书》教学设计

陈 媛

【教学目标】

（1）准确流利朗读并背诵课文。

（2）分析、理解、赏析文章的意境，说出作者的思想感情。

（3）培养学生热爱自然、热爱生活的美好情感。

【教学重难点】

理解并赏析文章意境，体会文中蕴含的思想感情。

【教学方法】

展评学习法、合作探究法。

【教学过程】

一、导入

师：这一单元我们学习了很多写景状物的文言文，今天我们再次跟随陶弘景的脚步，去领略祖国的山川之美。首先请一位同学朗读课题，应该如何断句？（屏显：答谢中书书，不加标点）

学生自由回答，并说明理由。

师：答，答复；谢中书，姓氏加官职是一种敬称；书，书信，一种文体。这是陶弘景写给谢中书的一封回信。那么，这封信里写了什么呢？请大家齐读课文。

二、美文初读

学生齐读课文。（提示重点字音：颓、与）

师：本文出现了较多古今异义词，请找出来。

学生交流后自由回答，教师补充歇、颓、鳞、四时、与等。

师：同学们对文中字词已经了解了，再读课文希望大家读出点儿味道来，在节奏和韵律上下点儿功夫。

学生再读课文。

三、美景再现

师：同学们都读得很流畅了，为我们理解文章打下了好的基础。"山川之美，古来共谈。"自然山川的美丽，自古以来都为人津津乐道。陶弘景笔下的山川到底有多美，请同学们用美景再现的方式，将它翻译出来。

师：给同学们五分钟时间讨论。五分钟后，我们进行眼明手快小游戏：屏幕上随机出现一句原文，在不看课本的情况下，看谁翻译得又快又准确！

学生讨论，五分钟后抢答翻译。

师：同学们都很了不起，把几百年前的山川之美用自己的语言还原了。下面我们再读课文，试着把作者观赏美景的心情也还原出来。

学生再读课文。

四、美感寻味

师：最后一句，陶弘景表达了极致的赞叹之情，他为何发出这样的感叹？请大家填空回答"山川之美，美在_____"，在横线上填上文中的景物。

提示：可从景物、描写方法、修辞手法、写作手法等方面赏析。

小组讨论。

师：山水相映，五彩斑斓，生意盎然，实是欲界之仙都啊，难怪陶弘景对此带有满满的赞叹。现在请大家再读课文，一边读一边感受我们找寻到的山川之美。

学生配图诵读课文。

五、美情体悟

师：实是欲界之仙都，可是"自康乐以来，未复有能与其奇者"，作者在暗暗自得，不是谁都能领略到这仙境般的山水之景，为何唯独陶弘景能有这样的领悟呢？我们来了解一下陶弘景其人：

陶弘景生于世家望族，自幼受到良好的教育，17岁时入南朝为官，在朝廷任职20年。37岁时，陶弘景辞官隐退，隐居山林。梁朝建立后，梁武帝很感激陶弘景给予的有力支持，亲笔写了一份情真意切的御书"山中何所有，卿何恋而不返"，盼望陶弘景出山辅政，重回朝廷。然而，徜徉于大自然怀抱之中，并为道家仙风所陶醉的陶弘景接到诏书后，深思很久下定了不出山的决心，提笔写下"山中何所有？岭上多白云。只可自怡悦，不堪持赠君"。

师：如何理解"只可自怡悦，不堪持赠君"？

明确：山川之美只可以自己欣赏，却不能献给君王。

师：梁武帝其实很委婉，君王并不想和他一同品味山水，只是想让他出山辅佐自己，陶弘景答应他的请求了吗？

生：没有，他委婉地用寄情山水来回答君王，不想回到朝廷做官。

师：可以看出陶弘景是个怎样的人？

生：厌倦官场、淡泊名利、热爱自然、寄情山水……

师：这是钟情于山水的陶弘景，这是热爱山林自由生活的陶弘景，才能做到眼中有山水、心中有美景，自在生活，而这又何尝不是我们大多数人所向往的呢？现在我们试着通过背诵课文，体会作者神仙般的自然生活吧！

配图、音乐，学生背诵课文。

六、小结

师：千百年来，人们对山水之美津津乐道，我们通过对文字的回味也能感受到自然之美。以后同学们游历名山大川时，也要学着用美的文字再现美的景致。

【教学反思】

本课是一篇精炼的山水小品，语言以四字短句为主，读起来朗朗上口，翻译也浅显易懂。在上课过程中，学生通过预习和重点字词点拨可以在短时间内把重点句子翻译出来，并且朗读也能做到流畅熟练。故本文的重点可放在意境的营造和感情的体会上，意境营造通过赏析山水之美这一环节完成。在这一环节中，本班学生在平时课堂上缺乏对文言文的赏析练习，所以在讨论环节需要教师到小组内点拨、解释问题，将文言文赏析跟现代文阅读赏析类比。经点拨后，学生受到启发，有话可说。感情体悟通过介绍陶弘景生平背景来完成，借陶弘景的生平小故事吸引学生的注意力，在扩展文言阅读的同时体会作者的写作背景及思想感情。

第四篇 教学设计

《最后一课》教学设计

陈 颖

《最后一课》选自人教版义务教育课程标准实验教科书七年级下册第二单元，是法国作家都德写的一篇短篇小说。作者选取一所普通小学的最后一堂法语课，表现法国人民的爱国主义精神。

一、创作背景

小说《最后一课》写于普法战争后的第二年，即1873年。当时，篡夺了法国革命成果的路易·波拿巴在复辟帝制后，力图用战争扩大法国在欧洲大陆的势力，以摆脱内部危机，巩固王朝统治。而普鲁士的"铁血宰相"俾斯麦，则打算通过战争建立一个容克地主的德意志帝国，企图占领法国的阿尔萨斯和洛林。1870年7月，法国首先对普鲁士宣战。8月至9月的色当一战，法军大败，拿破仑三世率8万兵士投降，普鲁士军队长驱直入，占领了法国的阿尔萨斯、洛林等三分之一的土地。1871年1月，普法停战谈判，法国割地赔款。这就是《最后一课》写作的社会大背景。青年作家都德亲身参加、体验了残酷的战争。1873年，他出版了著名短篇小说集《月曜日故事集》，《最后一课》是其中最有代表性的作品。

小说《最后一课》由胡适翻译，于19、20世纪之交，从域外传入中国。20世纪初的中国经历了西方列强的瓜分，并正在遭受日本的欺凌，使得此文一出便在社会上引起广泛的共鸣。尽管胡适自称对政治"不感兴趣的兴趣"①，以学者自居，但这篇翻译作品中的政治意图仍是显而易见的。自20世纪初引入国内之后，《最后一课》长期入选我国中学语文教材，超越了时间和意识形态的隔阂，这归功于作品自身旺盛的生命力。因此，在中学课堂讲授小说《最后一课》，要注意教学目标的三个层次：

（1）了解小说的背景。

（2）感受强烈的爱国主义精神。

（3）认识作为小说的《最后一课》。

新一代的中学生成长在和平与发展的大环境下，他们大多缺乏对战争动荡的理解，缺少对祖国语言文化的认同。针对目前电视节目中充斥着戏说历史的泛娱乐行为，致使部分学生将小说当历史看的现象，教学重难点可拟定为：

（1）领会小说强烈的爱国主义精神。

（2）从小说的要素入手，把握小说情节，分析人物形象，从而明确小说所反映的宏大主题。

二、教学内容

（一）独特的视角

短篇小说因为篇幅限制，往往只能截取生活场景中有代表性的横断面，具有"窥一斑而知全豹，以一目尽传精神"的艺术力量。小说以主人公小弗郎士的口吻叙述了最后一堂法语课的课前、课中和课后，通过"我"的眼睛去看晴朗的天气、草地上的普鲁士士兵、镇公所的布告牌、韩麦尔先生的绿色礼服、教室后排的好些镇上的人，通过"我"的耳朵去听画眉的歌唱、教室一反往常的安静、韩麦尔先生"又柔和又严肃"的言语、教堂的钟声，通过"我"的内心独白表现普通群众对法文的认同感。

都德不仅用最经济的笔墨交代了故事发生的社会背景，更以小弗郎士的所见、所闻、所感抓住了"最后一课"的主题。用孩子式的稚气眼光去看，用孩子式的单纯思维去想，用孩子式的直白语言去说，从孩童的心灵出发，加之

---

① 胡适：《胡适口述自传》第62页.华文出版社，1989年。

以慢镜头回放孩子的回忆，一切看似平常。但是，当战火蔓延到了阿尔萨斯，侵略者强制性推广德语，一个不谙世事的孩子也开始懊悔："我几乎还不会作文呢！我再也不能学法语了！难道这样就算了吗？"孩子思想的提高使法兰西民族的灾难和处于灾难中的法国人民的忧愤得到鲜明表现。正是从这一独特的视角，都德"从小中写出了大，从轻中写出了重，从日常中写出了非常，从有限中写出了无限，从个别中写出了普遍"①。

（二）巧妙的对比

这篇小说结构严谨，始终围绕着"最后"二字展开。为了突出"最"的与众不同之处，文章用了大量对比：课前的逃学想法和下课铃声沉重感的对比、画眉的婉转歌声和鸽子咕咕低鸣的对比、以往教室的喧闹与今天安静的对比、韩麦尔先生从前的惩罚与今天宽恕的对比、课堂气氛的对比等。大量的对比不仅是文章笔墨集中的法宝，也将小主人公的心情渲染到极致。

对比手法的巧妙之处不仅在于使得整篇小说突破篇幅和时间的限制达到结构上的完整，也是以小弗郎士为代表的阿尔萨斯人民情感变化的线索，环境作为小说三要素之一的意义便在于此。小弗郎士本性天真、贪玩，他本是多么想逃掉分词课去野外玩玩，上学路上的画眉在歌唱又是多么自在。但是，当小弗郎士走进教室之后，当他感受到与众不同的课堂气氛之后，当他得知这是最后一堂法语课之后，窗外的鸟语花香不再使其分心，耳朵里听到的是跟心情一样失落的鸽子那怪异的咕咕叫。

（三）人物的摹写

原文中一共出现了四个有名有姓的人，他们的出场顺序分别是小弗郎士、铁匠华希特、韩麦尔先生、郝叟老头儿，其中重笔墨描写了小弗郎士和韩麦尔先生。小弗郎士是本文的叙述者，借他的眼耳观看上学路上的自然环境，借他的心理变化表现阿尔萨斯人民心中的悲痛。小说对韩麦尔先生的描写也是借小弗郎士的观察完成的。但铁匠华希特和郝叟老头儿也并非闲笔。铁匠华希特在看布告时看见"我"在广场上跑过，说了句"用不着那么快呀"，看似是一句玩笑话，其实饱含着亡国的苦涩，表现了普通群众看到当权者签署丧权辱

---

① 仵从巨：《爱国主义的短篇经典与小说家都德》《教书育人》2005年第17期，第62页。

国条约的酸涩之感。作者用郝叟老头儿出现在教室的场景，则是有意将小弗郎士的懊悔扩大到整个阿尔萨斯地区的人民，表现他们对民族语言的珍视。

常常有人争论这篇小说的主人公是小弗郎士还是韩麦尔先生，《辞海》上对主人公这样定义：（主人公）是"文艺作品中集中刻画的主要人物，是矛盾冲突的主体"。先说"矛盾冲突的主体"。《最后一课》矛盾的焦点应该是征服与反征服的矛盾，普鲁士对法国的征服不仅是对土地所有权的划分，还有地区语言的选择。以韩麦尔先生为代表的成人显然站了法语体系的一边，而以小弗郎士为代表的学生群体才是站在转型口的人群。韩麦尔先生说"亡了国当了奴隶的人民，只要牢牢记住他们的语言，就好像拿着一把打开监狱大门的钥匙"，无疑是对青年一代的警告。因此，小弗郎士才是矛盾冲突中的主体人物。再说"集中刻画的人物"。粗读时会发现文章里写过韩麦尔先生的动作、服饰、言语、表情等各方面，而对小弗郎士仅有一些内心独白。在传统的认知中，似乎只有心理描写而失去了基本的外貌描写便称不上写人，但这篇文章绝对是个例外。仔细阅读便可以发现，对韩麦尔先生的描写正是为了引出小弗郎士的思绪变化，韩麦尔先生的语言描写是小弗郎士思想发展成熟的重要契机。情节是围绕主要人物展开的，明确文章的主要人物才能有效梳理故事情节，进而把握文章的主题。

（四）真实的《最后一课》

由于《最后一课》主题表现的深刻与艺术手法的生动，被许多国家选进课本，作为中小学接受爱国主义教育、了解法国文学的教材。但是2010年4月2日，《北京青年报》刊登的一篇文章《法国人不学〈最后一课〉》指出，真实的历史与《最后一课》的描述有些不一致。其一，阿尔萨斯地区原属普鲁士，《最后一课》的描述给人的感觉是阿尔萨斯一直是法国的领土。其二，当地绝大多数居民本来就说德语。当时阿尔萨斯的150万居民中大约只有5万人说法语，但《最后一课》的描述给人的感觉是全阿尔萨斯的人都把法语当母语。另外，法国中学教材并没有选入《最后一课》，也很少有法国人知道都德写有《最后一课》这篇文章。

围绕上述问题，教师引导学生思考为何一篇偏离史实的文章会被如此多的国家选入教科书？联系译文最初的年代和当时的译者胡适生平记载可知，《最后一课》与当时中国社会的大环境和文学的大趋势有着惊人的相似之处。

第四篇 教学设计

而这篇文章能一直留存于教材至今，不仅仅因为爱国主义的教育需要，小说本身能以3000字勾勒出阿尔萨斯地区在强权下悲痛的社会氛围，并塑造了两个个性鲜明的人物，本身就是成功的。

三、小结

《最后一课》是法国作家都德写的一篇短篇小说，选材巧妙，以小见大，选取一所普通小学中最后一堂法语课来表现法国人民的爱国主义感情。小说从第一人称的叙述角度刻画了被侵略地的人民觉醒的过程，文章在对人物进行心理描写的同时，还成功地把景物描写、细节描写、人物行动描写结合起来。这篇文章无论是在写人还是叙事的各方面，都可以成为我们练习写作的典范。

慧"眼"识英雄

——《茅屋为秋风所破歌》教学设计

李雪

【设计思想】

诗歌是浓缩的艺术,诗眼是浓缩再浓缩的精华。从诗歌内容上看,诗眼是诗词创作过程中那些极为生动传神,也极富表现力的文字;从诗歌情感上看,诗歌是具象思维的结果,诗眼是诗歌具象思维和思想情感的凝结点。因此,教师在诗歌教学中有意识地引导学生品析诗眼、品味语言,可以促进学生言语思维的发展。

《茅屋为秋风所破歌》是杜甫的传世之作,这首诗歌所蕴含的忧国忧民之思、舍己为人的士大夫襟怀是很容易把握的。但是作者用叙事的笔法,以"破"为诗眼的内容铺开,个人的破落家境、百姓的破败家园、国家的山河破碎等内容逐步推动着作者情感的深化,这样的顿挫浸润着灵魂,升华为一股在心中难以开解的沉郁之气,让作者在无奈中高呼,更可见其悲、其壮!

【教学目标】

(1)抓住诗歌的体裁特点,从凝练的语言中品析幽微的情意。以"破"字为核心词,概括诗歌内容,并能分析归纳出诗人的核心情感。

(2)体悟诗人推己及人、忧国忧民的济世情怀,感受诗人的悲壮之情。

【教学重点】

以"破"字为核心词,概括诗歌内容,并能分析归纳出诗人的核心情感。

【教学难点】

围绕"破"字理解诗歌内容,抓住诗人的核心情感,感受诗人的济世情怀和悲壮之情。

【课时安排】

一课时。

【教学过程】

一、导入

诗史数千言，秋天一鹄先生骨；草堂三五里，春水群鸥野老心。

师：请同学们猜一猜这副对联描写的主人公是谁。

板书：茅屋为秋风所破歌。

二、品读文本

（1）解读题目：茅屋被秋风吹破了。"为……所……"是文言文的固定搭配，解释为被。在题目中，叙事的核心是什么？（板书：破）

（2）品读文本。

① 教师范读，学生齐读。纠字音、诵节奏。

② 学生自由诵读，以小组为单位完成阅读任务。

任务：从文章里面找出与"破"相关的内容。

③ 归纳总结"破"的内容。

个人的破落家境、百姓的破败家园、国家的山河破碎。（板书）

（3）以诗歌的内容为基础，分析归纳出诗人的情感。

板书：焦急、叹息、压抑、苦闷　　　慷慨激动

　　　　　（抑）　　　　　　　（扬）

先抑后扬的情感蓄势，壮大深厚了济世情怀。

三、小结

师：诗人通过个人、百姓、国家的三个维度，表现了个人、社会、时代的苦难。在这苦难中，诗人大声疾呼，坚定且悲壮地表达了自己推己及人、忧国忧民的济世情怀。这份悲壮深厚的情感造就了他沉郁的艺术气质，也成就了他沉郁顿挫的诗风。这就是我们认识已久的"诗圣"杜甫。

四、作业

背诵全诗，做到默写不出现错别字。

五、板书

茅屋为秋风所破歌

杜甫

（个人）家境破落
（百姓）家园破败　叹 ——— 愿 ⎰ 推己及人
（国家）山河破碎　　　吾庐独破 ⎱ 忧国忧民

第四篇 教学设计

《赫尔墨斯和雕像者》教学设计

崔维刚

【教学重点】

（1）诵读课文，学会用提取关键词、概括的方法理解文意。

（2）自主阅读，品味文章的语言与写作技法，理解语言寓意。

【教学难点】

合作探究品味寓言，理解文章寓意。

【教学方法】

自主合作、质疑解释。

【教学过程】

一、导入

熟悉课文背景材料：

（1）寓言是文学作品的一种体裁，用假设的故事寄寓意味深长的道理，给人以启示。寓言一般比较短小，故事的主人公可以是人，也可以是拟人化的动植物或其他事物。

（2）伊索，公元前6世纪的希腊寓言家。《伊索寓言》实际上是古希腊流传于民间的讽喻故事，共三百多篇。

（3）宙斯：古希腊神话中的众神之王。

赫拉：古希腊神话中的天后，宙斯的妻子，妇女的保护神。

赫尔墨斯：古希腊神话中掌管旅行和商业的神，众神的使者，宙斯的儿子。

二、学生阅读课文质疑互释

（1）学生齐读课文，教师正音，明确用叙述的语调和讲故事的语调读书，学生再自由读书。

（2）学生质疑，生生、师生互释。

三、浅文深教，阅读训练

1. 文意把握训练

（1）文意把握训练：提取这则寓言中的关键信息，找出四五个关键词（语）。例如，寓言中有一个人物，那么人物就是一个关键词。

学生读课文，找关键词。生生讨论，教师明确，学生就这五个词（语）自由说话训练：赫耳墨斯、尊重、问、值多少钱、白送。

（2）用概括的方法掌握文意。

这则寓言通过赫尔墨斯和雕像者的三问三答来展开故事，讽刺了那些自以为了不起其实远不如别人的人，给我们以深刻的启示。

2. 人物评价训练

人物评价训练：用几个成语或者四字短语评价赫尔墨斯这个人物形象。

师：请大家用几个成语或四字短语评价赫尔墨斯的形象。马上想，直接回答。

生：爱慕虚荣、自视甚高、自高自大、自命不凡、目空一切、妄自尊大。

师：赫尔墨斯是一个不忠于职守的人物形象。

3. 品析文章训练（屏显）

从词语表现力、表达方式（叙述、议论、描写）、表现手法（例如对比的手法）上品写法、说效果。

学生自主学习，并做好旁批，之后小组交流、课堂交流，最后生生、师生讨论。

师（屏显并讲析）：

（1）以"神"喻人。

同学们学过"以物喻人""托物言志"的文章，这篇文章是"以神喻人"。批评、讽刺的是我们自己，是"人"。到了八年级你们还要学到一篇《马说》，它是以马喻人。

第四篇　教学设计

（2）"对话"展开。

文章运用对话的手法展开整个故事。

（3）"白描"手法。

白描手法就是用简单的几笔就把人物的形象勾勒出来。

（4）留下"空白"。

赫尔墨斯最后想什么、说什么、有什么表现，我们都不知道，这让我们只能去想象。

（5）最高妙的手法是蓄势于前、急转于后。

雕像者回答说，赫尔墨斯的雕像可以"白送"。赫尔墨斯想不到竟然是这种结果，这大大出乎他的意料。雕像者的回答其实是让故事情节有了一次巨大的转折，这就是蓄势于前、急转于后。故事到此戛然而止，余味悠长，这是它最高妙的手法。

4. 写作训练

（1）续写文章，精彩展示。

赫尔墨斯听到自己的雕像作为添头"白送"之后，他的心情如何？他说了什么，或者还会做些什么？发挥想象力，续写文章。

（2）学习小结。

在读与练中学语文、懂道理、练能力。

《〈论语〉十二章》教学设计

刘梦玲

【教学目标】

（1）初读文本，读顺，读畅，认准字形，读准字音，大声诵读，把握节奏；了解《论语》的有关常识，积累"愠、说、罔、殆"等文言词汇，疏通文义；从字面义和语境义、主旨和情感等方面进行赏析。

（2）通过合作探究、反复诵读，对《〈论语〉十二章》的学习方法、学习态度、个人修养进行归类，从而体会每章的深刻含义，并能将学习到的启示运用在学习和个人修养中。

（3）激发热爱民族经典文化的热情，感受中国文化经典的底蕴，使学生经历一番文化濡染，提升自我修养。

【教学重难点】

（1）通过学习重点文言词语，理解各则语录，培养学生阅读理解文言文的能力。

（2）结合本文的学习认识并调整学习方法和态度，激发学生热爱民族经典文化的热情。

（3）理解课文所蕴含的深刻哲理，并培养学生把所学知识、道理付之于实践的意识。

【教学方法】

讲授教学法、探究讨论教学法。

【课时安排】

二课时。

【教学过程】

第一课时

一、创设情境，激情导入

师：中国是一个有着五千年文明史的礼仪之邦，曾出现过不少光耀千古的文化巨人，为我们留下了极宝贵的文化遗产。《论语》就是其中一部辉煌的巨著，它是中华民族优秀的文化遗产，对我国几千年的封建政治、思想和文化产生了巨大的影响。即使在今天，它依旧光芒四射，熠熠生辉。习近平重要讲话中多处引用《论语》，我校也开展了"《论语》进校园"活动。现在，就让我们怀着一种自豪的心情来研读它的节选部分《〈论语〉十二则》。

二、初读课文，扫清障碍

1. 检查预习，了解作家、作品简介

（1）学生介绍孔子，教师进行补充。孔子（前551—前479），名丘，字仲尼，春秋末期鲁国陬邑人（今山东曲阜东南）人。我国古代伟大的思想家、教育家，儒家的创始人，被尊称为"大成至圣"，联合国教科文组织把他列为世界十大名人之一。他的思想核心是"仁"，即仁爱、爱人。在政治上主张施行"仁政"，提倡德治和教化。晚年他致力于教育，首创私人讲学之风，主张"有教无类"（一视同仁）、"因材施教"。他整理《诗》《书》《礼》《乐》等古代文献，并把鲁国史官所记《春秋》加以删修，使之成为我国第一部编年体历史著作。《论语》是记录孔子和他弟子言行的书，是儒家经典之一。

（2）"四书五经"是"四书"和"五经"的合称，是儒家经典书籍。"四书"指《论语》《孟子》《大学》《中庸》，而"五经"指《诗经》《尚书》《礼记》《易经》《春秋》，简称"诗、书、礼、易、春秋"。

（3）我国先秦时期最能代表儒家思想的语录体散文集是《论语》。先秦散文包括诸子散文和历史散文，诸子散文以论说为主，如《庄子》《孟子》等；历史散文以记载史实为主。

2. 朗读课文感受韵律

教师朗读示范。学生体会语气、语调、停顿等，自由朗读，再齐读。

3. 积累生字词

人不知而不愠（yùn）；不亦说（yuè）乎；三省（xǐng）吾身；传（chuán）不习乎；罔（wǎng）；殆（dài）；箪（dān）；曲肱（gōng）。

4. 注意节奏

子曰："学/而时习之，不亦/说乎？有朋/自远方来，不亦/乐乎？人不知/而不愠，不亦/君子乎？"

曾子曰："吾日/三省吾身：为人谋/而不忠乎？与朋友交/而不信乎？传/不习乎？"

子曰："吾十有五/而志于学，三十/而立，四十/而不惑，五十/而知天命，六十/而耳顺，七十/而从心所欲，不逾矩。"

子曰："温故/而知新，可以/为师矣。"

子曰："学而不思/则罔，思而不学/则殆。"

子曰："贤哉，回也！一箪食，一瓢饮，在陋巷，人/不堪其忧，回也/不改其乐。贤哉，回也！"

子曰："知之者/不如好之者，好之者/不如乐之者。"

子曰："饭疏食/饮水，曲肱/而枕之，乐/亦在/其中矣。不义/而/富且贵，于我/如浮云。"

子曰："三人行，必有/我师焉。择其善者/而从之，其不善者/而改之。"

子在川上曰："逝者/如斯夫，不舍昼夜。"

子曰："三军/可夺帅也，匹夫/不可夺志也。"

子夏曰："博学/而笃志，切问/而近思，仁在其中矣。"

三、细读课文，整体感知

（1）采用小组合作的方式，结合注释理解课文，把握重点字词以及句子的翻译，并且及时背诵。

第一则：子曰："学/而时习之，不亦/说乎？有朋/自远方来，不亦/乐乎？人不知/而不愠，不亦/君子乎？"

时：按时；

说：愉快、高兴；

朋：志同道合的人；

知：了解；

第四篇 教学设计

愠：发怒、生气；

君子：道德上有修养的人。

学生朗读并背诵。

第二则：曾子曰："吾日三省吾身：为人谋而不忠乎？与朋友交而不信乎？传不习乎？"

三：多次；

省：反省；

为：替、帮；

谋：考虑事情；

忠：尽心竭力；

信：真诚、诚实；

传：老师传授的知识；

习：温习。

译文：曾子说："我每天多次地反省自己：替别人谋划是否尽心竭力呢？跟朋友往来是否诚实呢？老师传授的学业是否复习过呢？"

学生朗读并背诵。

第三则：子曰："吾十有五/而志于学，三十/而立，四十/而不惑，五十/而知天命，六十/而耳顺，七十/而从心所欲，不逾矩。"

通假字：吾十有五而志于学

答案："有"通"又"

学生朗读并背诵。

第四则：子曰："温故而知新，可以为师矣。"

故：学过的知识；

知新：得到新的理解和体会；

可：可以；

以：凭借；

为：做。

译文：孔子说："复习旧的知识，能够从中有新的体会或发现，这样就可以做老师了。"

学生朗读并背诵。

第五则：子曰："学而不思则罔，思而不学则殆。"

罔：迷惑，感到迷茫而无所适从；

殆：有害。

译文：孔子说："只读书而不肯动脑筋思考，就会感到迷惑；只是一味空想而不肯读书，就会有疑惑。"

这一则也是讲学习方法，阐述学习和思考的辩证关系，认为二者不可偏废。学习和思考相结合，才能有所得。

学生朗读并背诵。

第六则：子曰："贤哉，回也！一箪食，一瓢饮，在陋巷，人不堪其忧，回也不改其乐。贤哉回也！"

箪：音dān，古代盛饭用的竹器；

巷：此处指颜回的住处；

乐：乐于学。

译文：孔子说："贤德啊，颜回！一箪干粮，一瓢凉水，居住在简陋的巷子里，换了别人一定不堪忍受这种贫困忧苦的生活，但是颜回从来不会因此而改变自己好学乐善的快乐。贤德啊，颜回！"

学生朗读并背诵。

第七则：子曰："知之者不如好之者，好之者不如乐之者。"

知：懂得、了解；

好：喜欢；

乐：以……为乐。

译文：孔子说："懂得它的人，不如爱好它的人；爱好它的人，又不如以它为乐的人。"

学生朗读并背诵。

第八则：子曰："饭疏食饮水，曲肱而枕之，乐亦在其中矣。不义而富且贵，于我如浮云。"

饭食：饭，这里是"吃"的意思，作动词，疏食即粗粮；

曲肱：肱，音gōng，胳膊，由肩至肘的部位，曲肱即弯着胳膊；

译文：孔子说："吃粗粮，喝白水，弯着胳膊当枕头，乐趣也就在这中间了。用不正当的手段得来的富贵，对于我来讲就像是天上的浮云一样。"

学生朗读并背诵。

第九则：子曰："三人行，必有我师焉；择其善者而从之，其不善者而改之。"

三人：几个人；

善者：优点；

从：跟随；

不善者：缺点。

译文：孔子说："几个人在一起走路，其中一定有人可以当我的老师。应当选择他们的优点去学习，看到他们的缺点，（如果自己也有）就要改正。"

学生朗读并背诵。

第十则：子在川上曰："逝者如斯夫！不舍昼夜。"

斯：这；

舍：舍弃。

译文：孔子站在河边说："消失的时光就像这河水一样啊，日夜不停息地向前流去。"

学生朗读并背诵。

第十一则：子曰："三军可夺帅也，匹夫不可夺志也。"

三军：军队的通称；

匹夫：夫妇相匹配，分开说则叫匹夫、匹妇，所以匹夫指男子汉。

译文：孔子说："军队可以被夺去主帅，男子汉却不可被夺去志气。"

一国的军队，可以夺去它的主帅；一个男子汉，他的志向却是不能强迫改变的。对于一个人来讲，他有自己的独立人格，任何人都无权侵犯。作为个人，他应维护自己的尊严，不受威胁利诱，始终保持自己的"志向"。

学生朗读并背诵。

第十二则：子夏曰："博学而笃志，切问而近思，仁在其中矣。"

博：广也；

笃：厚也；

志：有两种解释。其一，"志"同"识"，记忆在心；其二，志向。在此取其后者。

译文：子夏说："一个人心有远大理想就要有丰富的知识，要多多提出疑问，多多深入思考。对于自己的志向不能有过多的干扰，'仁'就在当中了。"

这里又提到孔子的教育方法问题。修德进学的门径："欲广博，志欲坚定，外问于人，内思于心。"

既要广博地学习，又要有一个追求的中心，这就叫"博学而笃志"。

既要多问问题，又不要好高骛远，不切实际地空想，而要多想当前的事情、与自己的实际情况密切相关的事情，这就叫"切问而近思"。

学习的关键在于自身的体会，如人饮水，冷暖自知。所以，一定要从自身处去问，接近处去思。

学生朗读并背诵。

（2）完成背诵，并思考本文主要介绍了哪几个方面的内容？

答案：学习方法、学习态度、修身做人。

第二课时

一、背诵回顾

（1）请四名学生分别背诵三章。

（2）《论语》十二章中讲述了哪三方面的内容。

二、分析内涵

这十二章中，有讲学习方法、学习态度、个人修养的，分别是哪些语句？分别强调什么？

（1）第四则：子曰："温故而知新，可以为师矣。"

这一则讲学习方法，强调独立思考的必要性。因为只"温故"而不独立思考，必然达不到"知新"的目的。一定要将知识融会贯通，能在温习旧知识中有所发现，才"可以为师"。"温故而知新"是孔子对我国教育学的重大贡献之一，他认为不断温习所学过的知识，从而可以获得新知识。这一学习方法不仅在封建时代有其价值，在今天也有不可否认的适应性。人们的新知识、新学问，往往都是在过去所学知识的基础上发展而来的。因此，"温故而知新"是一个十分可行的学习方法。

（2）第六则：子曰："贤哉，回也！一箪食，一瓢饮，在陋巷，人不堪其忧，回也不改其乐。贤哉回也。"

本章中，孔子又一次称赞颜回，对他做了高度评价。这里讲颜回"不改其乐"，也就是贫贱不能移的精神。这里包含了一个具有普遍意义的道理，即人总是要有理想的，为了自己的理想就要不断追求，即使生活清苦困顿也会自得其乐。

此章孔子回环曲折，一说两叹，高度赞扬了颜回安贫乐道的高贵品质，情真意切，感人至深，流传很广，几乎妇孺皆知。

（3）第八则：子曰："饭疏食饮水，曲肱而枕之，乐亦在其中矣。不义而富且贵，于我如浮云。"

孔子极力提倡"安贫乐道"，认为有理想、有志向的君子，不会总是为自己的吃穿住而奔波的。"饭疏食饮水，曲肱而枕之"，对于有理想的人来讲是乐在其中的。同时他还提出，不符合道的富贵荣华是坚决不予接受的，对待这些东西如天上的浮云一般。这种思想深深影响了古代的知识分子，也为一般老百姓所接受。

后世以"饭蔬饮水"形容清心寡欲、安贫乐道的生活。

三、谈谈你体会最深的句子，给你带来什么启示

答案（示例）："吾日三省吾身：为人谋而不忠乎？与朋友交而不信乎？传不习乎？"这"三省"说了两个方面，一是修己，一是对人。对人要诚信，诚信是人格光明的表现，不欺人也不欺己。替人谋事要尽心，尽心才能不苟且、不敷衍，这是为人的基本德行。修己不能一时一事，要贯穿整个人生。要时时温习旧经验，求取新知识。在生活中要做到"三省"，才能不断进步。

四、课文总结

（1）成语：温故知新、见贤思齐、三人行必有我师、择善而从、博学笃志、饭蔬饮水。

（2）学习方法："学而时习之，不亦说乎！""温故而知新，可以为师矣。""学而不思则罔；思而不学则殆。"

（3）学习态度："知之者不如好之者，好之者不如乐之者。"

（4）个人修养："人不知而不愠，不亦君子乎？""吾日三省吾身：为人谋而不忠乎？与朋友交而不信乎？传不习乎？""吾十有五而志于学，三十而立，四十而不惑，五十而知天命，六十而耳顺，七十而从心所欲，不逾矩。""一箪食，一瓢饮，在陋巷，人不堪其忧，回也不改其乐。""不义而富且贵，于我如浮云。""三人行，必有我师焉；择其善者而从之，其不善者而改之。""博学而笃志，切问而近思，仁在其中矣。"

五、拓展升华

（1）拓展《论语》中关于学习和个人修养的句子，激发学生阅读。

（2）半部论语治天下，不仅仅说的是治国，还有修身、求学之道。《论语》教导我们要有仁爱之心，心胸开阔，意志坚强，理想远大。我们学校在推行国学进校园，第一本书籍就是《论语》，十分值得大家阅读乃至背诵。

六、板书设计

《论语》十二则

学习方法
学习态度
修身做人

第五篇

教 学 反 思

《散步》教学反思

宋晓朋

　　我看过许多课例，不同的教师选择的重点不同。这节课，我确定为"体会文章的人情美、景物美、句式美"。尤其是"人情美"这一点，很多人以为文章是为了表现"尊老爱幼"的主题，其实不然，文章的主要情节是解决"走大路"还是"走小路"的分歧。事件的结果，是有决定权的"我"放弃儿子的想法，顺从了母亲的心意。看似不起眼的细节，恰恰是作者深意蕴含所在。确实，作为中年人，敬爱老人、爱护幼子是责任，但当老人和孩子的利益发生冲突时，作者将爱的天平倾向老人那一边，这就不是简单的尊老爱幼，而是着重强调一个家庭中只有将老人摆在中心地位才会和谐。正如孔子所言："弃老而取幼，家之不祥。"这节课在重点内容的确立上，还是很准确的。

　　这节课分为三个环节，分别品析人物之间的关系、景物的特点和句式的特点。当初这样设计，我觉得课堂很有条理性，也有节奏感。现在看来，这个设计其实切割了文章的主题。因为，文章的形式是为内容服务的，内容是为主题服务的。富有节奏感的句式是作者轻松而愉悦的心情的流露，轻松而愉悦是因为自己正确处理了老人和孩子之间的一次小分歧。美好的景物也如此，那是作者的眼中之景，更是作者因为母亲熬过一个严冬的庆幸和欣慰内心的外露，是自己使得一个家庭和谐起来而欢快内心的外露。这三点看似并行的线路，实际上应为紧紧缠绕在一起的一体三面。但这节课的设计却将三者割裂开来，这是不恰当的。

如果再次设计，我的问题是这样的：

（1）从字里行间你看出一家四口人之间的关系怎样？

（2）结尾句子你是怎样理解的？

（3）文中的景物描写和整齐的句式表现了作者怎样的心情？

转变教学思维，开放教学视野

——《社戏》教学反思

谢锋俊

　　《社戏》一文是部编版语文教材八年级下册第一单元的第一篇课文，是鲁迅众多作品中少有写得这般"轻松""欢快"的文章。这篇文章在之前人教版教材中也有收录，是一篇非常有代表性的作品。

　　因为是"老教材"，所以教学这一课时也基本沿用了传统的教学设计，只做了适当的调整。基本教学过程如下：

一、导入

（1）简介作者、作品。

（2）介绍社戏指什么。

（3）正音字词。

二、初读感悟

（1）本文的中心情节是什么？作者围绕这一中心情节写了哪些事情？

（2）除了看社戏外，文中还写了其他活动或事件吗？

（3）照此理解，文章可以分为哪几部分？

三、细读理解

（一）讲解：看戏前（1~3）

（1）小说交代的时间是什么季节？地点在哪？

（2）平桥村是个怎样的地方？

（3）这部分有一个词写出"我"对平桥村的感情，即"乐土"。

（4）为什么"我"认为是"乐土"？

（5）这一部分的内容与下面写看社戏有什么关系，能否删掉呢？

（二）讲解：看戏中（4～30）

（1）这部分写去赵庄看戏的全过程，主要写了哪几件事？

（2）这一过程中，"我"的心情经历了怎样的变化？

（3）小伙伴划船用了哪些动词，这些动词有什么作用？

（4）"夏夜行船"部分用了哪些感官？

（5）"我"急切想看到的戏好看吗？为什么？

（6）既然戏不好看，小伙伴真正感兴趣的是什么？

（三）讲解：看戏后（31～40）

（1）戏看完了，为什么还要写六一公公送豆？

（2）最后一段"真的，一直到现在，我实在再没有吃到那夜似的好豆，——也不再看到那夜似的好戏了"，你是如何理解的？

四、总结课文

这一教学设计从应试教育的角度来说，应该还是挺好的，基础扎实，重点突出，知识点全面。

但坦白地说，这样的教学设计，使学生整节课都在抄写中度过，学生的思考仅限于教师设计的这些细小的问题。在这些问题以外，根本没有任何可供学生拓展的思维空间。学生的思维被这一系列问题限制得死死的，完全按照老师对文本的解读思路一步步走完了全堂教学，根本没有亲文本、悟文本，更谈不上体验作者在平桥村的童趣童真，完全停留在文字上，没有走进作者的内心世界，这样的教学设计是应试教育的典范。

因此在教学完后，我对着十几年来几乎一成不变的教学设计进行了认真的思索、反思，对教学过程全面审视，拓宽思维，进行了如下调整：

导入部分保持不变。

一、导入

（1）简介作者、作品。

第五篇 教学反思

（2）介绍社戏指什么。

（3）正音字词。

导入之后，快速切入正题，设计"说一说：多角度概括全文""想一想：初步理解文意""议一议：体会作者情感""评一评：品评人物性格""品一品：品析精美词句"五大环节，具体如下：

二、说一说：多角度概括全文

（1）从时间角度：看戏前、看戏中、看戏后

（2）从事件角度：随母省亲、乡间乐趣、戏前波折、夏夜行船、船头看戏、月夜归航、归航偷豆、六一公公送豆。

这一环节旨在让学生对全文有一个大概的框架认识，对全文有一个基本的内容了解。紧接着进入第二环节。

三、想一想：初步理解文意

（1）"我"为什么称平桥村为"乐土"？"我"最期待的是什么活动？

（2）"我"看不成戏时的心情是怎样的？经历了哪些变化？

两个问题，突出重点，突出主题。学生在寻找"我"的情感变化过程中，感受到了"我"对戏的期待，进而为下面的看戏营造出非常浓厚的氛围。

四、议一议：体会作者情感

（1）戏好看吗？哪些地方能体现出来？（正面、侧面）

（2）戏并不好看，豆也很普通，为什么文章结尾却写道："真的，一直到现在，我实在再没有吃到那夜似的好豆，——也不再看到那夜似的好戏了。"

满心期待的戏终于看成了，但却不尽如人意，与期待中的戏形成强烈的反差，而文章结尾却又是不一样的说法，这是为什么？这一问题很好地吸引了学生的思维。教师进一步引导："豆很一般，戏不好看，之所以这样说，完全是跟吃豆的人、看戏的人有关。"进而进入下一环节。

五、评一评：品评人物性格

（1）你认为双喜是个怎样的孩子？

（2）六一公公又是个怎样的老人？

最终明确双喜是平桥村孩子的代表，六一公公是老人的代表，他们俩都是平桥村村民美好品质的化身。"我"所怀念的不是豆，也不是戏，而是人！至此，作者童年在平桥村跟一群孩子玩乐的童年生活就立体了、可感了，对全

文的理解也基本完成了，紧接着是对佳句的欣赏。

六、品一品：品析精美词句

从文中找到你认为比较好的，或你喜欢的句子加以品析，说说原因。

从词句欣赏的角度让学生更多地自主发言，达到了非常好的效果。我认为，这一教学设计打破了传统教学以问题为导向的思维，代之以模块式、层进式、开放式的思维，让学生有了更多亲近文本的空间，更好地体验作者在平桥村的生活与感情。

中考课内文言文复习方略

——第一轮文言文复习反思

杜 慧

文言文是中考复习的重要组成部分，在新版部编教材中，课内文言文多达37篇，复习所占时间长，要求学生掌握的内容多，考试涉及的范围大，加上浩如烟海的课外阅读材料，会让很多学生在复习过程中产生畏难、抗拒情绪。我们该如何既落实高效复习，又能有效减轻学生的复习压力呢?

一、立足考点，进行方法指导

新课标对文言文阅读教学的要求是："阅读浅显文言文，能借助注释和工具书，理解词句含义，读懂文章内容。"《2018年深圳市初中学业水平考试说明》中指出，文言文阅读属于理解B能力层级，要求学生能理解常见实词在课文中的含义;在记诵积累的基础上理解课文大意;能理解课文中句子的大意，翻译课文中的句子和语段;了解课文的主要内容和基本写法。总体观之，词句、内容和写法应是复习课内文言文的切入点。

从深圳市中考近三年对课内文言文的考查中我们也能管中窥豹，见下图。（注：近几年深圳市中考文言文阅读题均以课内外对比阅读的方式出现，下表中只列出了课内部分）

年份	课内篇目	解词	译句	简答
2016年	《隆中对》	① 时人莫之许也；② 由是先主遂诣亮；③ 欲信大义于天下	然志犹未已，君谓计将安出	① 乙文中赵云的性格特点；② 甲文中徐庶对诸葛亮的评价与做法，给我们维系朋友关系做了什么启示
2017年	《陋室铭》	① 斯是陋室；② 惟吾德馨；③ 无案牍之劳形；④ 谈笑有鸿儒	孔子云：何陋之有	两人所处环境有什么相同之处？请结合生活实际，谈谈你对他们的看法
2018年	《生于忧患，死于安乐》	① 舜发于畎亩之中；② 困于心，衡于虑	所以动心忍性，曾益其所不能	请结合甲文，分析孙叔敖为什么让儿子"请寝之丘"

我们大致可以看出，深圳市中考在解词部分大都以实词考查为主，且重点落在四大文言现象类词语上，如通假字（"信""衡"）、古今异义（"发""馨"）、词类活用（"发"）、一词多义（"形""许"）等；在译句中，不仅选择一些包含重要词语的句子，而且还会考查一些较为简单的特殊句式（倒装句、省略句等）；简答题（比较阅读理解题）考查方式也甚为灵活，主要包括文意或主旨的理解与概括、人物思想感情的把握、人物形象分析、写法品析、比较探究、拓展延伸等较开放性的试题。

基于此，我们应该将课文作为文言文复习的重要环节，以中考考点为依据，要特别重视那些包含文言特殊现象类的注释。教师需要有选择性地研究，筛选课文中的注释，精简文言词汇的识记内容，整合教学资源，有的放矢，以减轻学生的记忆负担。

二、分类归纳，做好重点梳理

卢梭说："最重要的教育原则是不要爱惜时间，要浪费时间。"这句话看似荒谬，实则强调学生要有充足的时间沉淀和体验，才能更好地实现心智的发展，这也符合教育即生长的原理。具体到文言文复习中，教师最好能带着学生探寻文言共性的规律，做好文言知识的归类整理，将零散的知识整合成较为系统的知识体系，帮助学生加深理解、加强记忆。

比如在复习《岳阳楼记》时，"或异二者之为"的"为"字属于典型的一词多义现象，在课文中指"心理活动"。通过小组合作，学生还总结出了"为"的其他用法："做（干）、是、刻（制）、成为、被、因为、当作（作为）、筑、为了，等等。"这样的归纳让学生意识到，文言知识的复习不能孤立于对某一课知识的唤醒，而要着意对三年六册的语文课文进行整合，这样的记忆方式可能比单篇课文学习的效果要好一些。同时，学生对所学知识能了然于心，才能更好地构建完备的知识体系，并对应考充满信心。

学生对重点知识进行梳理、归纳的前提需要建立在对各种文言现象的熟悉、掌握中。比如古今异义词就涉及词义的扩大（如"江""河"在古代专指长江、黄河，而现代泛指所有河流）、词义的缩小（如《桃花源记》中的"妻子"指妻子、儿女，现在只指妻子一人）、词义性质的变化（如《出师表》中"卑鄙"在文中指社会地位低微，见识短浅，是一个中性词，现代汉语中却变成了贬义词，指品行不道德；"痛恨"由文中的痛心、遗憾转为极端憎恨，表达的感情完全不一样）和词义转移（如《陈太丘与友期》中"太丘舍去"的"去"字，由"离开"转移成了现代的"到……去"，意思完全相反）等多方面。

当然，就初中生而言，对文言现象的点拨不可过深、过细，还是要建立在对课文的正确理解上。正确地理解课文内容，也就能对文章所涉及的重点词语了然于心。复习过程中，教师的责任主要是把应掌握的知识点拨给学生，使他们对要梳理的内容更为明确。接下来，学生的任务就是动手梳理、分类归纳了。如下图。

三、以"内"养"外"，注重迁移训练

在文言文复习中，我们应该始终以课本为复习蓝本。虽然近几年深圳市中考文言文阅读都以课内外文言文对比阅读的题型出现，但是基本上课外解词题的答案都直接或间接来自课内。比如2016年深圳市中考文言文考查了"曹公引去"的"去"，其实我们完全可以在课内文言文中找寻到答案。在《陈太丘与友期》中有"太丘舍去"，在《岳阳楼记》中有"去国怀乡"，课文中的这两处"去"均为"离开"之意。所以，夯实课内知识点，才能让学生在考试时学会知识的迁移，做到胸有成竹、触类旁通。文言文的复习还是要扎扎实实以书为本，不能一味迷信复习资料，通过题海战术舍本逐末、舍近求远的做法是不足取的，也给学生增加了繁重的作业负担。

当然，在巩固好课内知识的同时，我们还需要适当提供一些与课文内容相近、相关甚至相同的阅读材料，进行对比阅读训练，这样既能加深对课内文章的理解，又能提高课外阅读的解题能力。学生通过接触浅近、鲜活的课外阅读材料，在不断地阅读刺激中体验知识迁移所带来惊喜，亦能逐步提高学习文言文的信心。

比如在复习《曹刿论战》的时候，我便给出了一篇迁移训练的阅读材料：

宋公及楚人战于泓。宋人既成列，楚人未既济。司马曰："彼众我寡，及其未既济也，请击之。"公曰："不可。"既济而未成列，又以告。公曰："未可。"既陈而后击之，宋师败绩。公伤股，门官歼焉。国人皆咎公。公曰："君子不重伤，不禽二毛。古之为军也，不以阻隘也。寡人虽亡国之余，不鼓不成列。"（选自《子鱼论战》）

接着，让学生进一步思考材料中的哪些字词是我们在课内学习过的或者比较熟悉的。学生通过思考和小组交流，能迅速回答出"既"作"已经"讲，如《桃花源记》中的"既出"、《送东阳马生序》中的"既加冠"；"败绩"和"股"分别出现在《曹刿论战》和《狼》的课文中，还有同学谈到了"悬梁刺股"的"股"；"虽"是"即使"之意，在《马说》中有"故虽有名马"一句为证；"鼓"在《曹刿论战》中出现过，"公将鼓之"中"鼓"的意思和《子鱼论战》中的一样，都是"击鼓进军"之意；"咎"在《出师表》中出现过，在"以彰其咎"中做名词，是"过失"，材料中是名词活用为动词，有

"责备"之意。

　　总之，好的文言复习课都能做到"基于课内"，巩固课本内容，以"内"养"外"，让学生的迁移能力在不知不觉中得以濡养。做课外阅读材料时，才能自觉将考查的词语放在上下语境中去理解，并在课内文章中寻找相应的依据，这样才能更好地实现"达于课外"的复习目的。

《就英法联军远征中国给巴特勒上尉的信》教学反思

程 梅

今天，我执教了雨果的《就英法联军远征中国给巴特勒上尉的信》。这篇课文是自读课文，一课时完成。我设定了三个学习目标：积累常用词语，了解文学常识；有感情地朗读课文，体味雨果胸怀的博大和品德的高尚；品味语言，体会这封信精彩的反语特色。

三个学习目标在一节课中基本达成，但回顾课堂，这节课还存在很多不足之处：

（1）在课堂学习活动之"片段朗读品析"过程中，学生评价语言太碎，对文本的朗读太少，教师没有及时介入，导致耗时久、收效低。

（2）在理解关键句时，缺少对句子本身足够的揣摩及品味语言的方法指导，学生如盲人摸象，说了很多，但没有理出规律。可以修正在预习时的理解，品析句子会变得简单，理解也可以更深入。

（3）学生在这节课的参与面偏窄，个别学生成为班级中的"麦霸"。在备课过程中，教师应该充分备学情、备学法，让更多学生积极参与进来。

综合以上问题，在以后的语文教学中应注意如下几点：

一、重视朗读，让课堂更有味道

好的朗读可以让学生得到的绝不亚于一般的课堂讲解，有的甚至更加直接和深刻。因此，教师应尽力提升自己的朗读水平，这样才能在课堂上为学生更好地示范、点评、指导，帮助学生提升朗读水平。同时，朗读应贯穿课堂的各个学习活动，边读边品、以读带品、以品导读，帮助学生把文本读厚、把文本读薄，读出画面，读出情感，读出个性的思考，读出丰富的味道。

二、指导方法，让思想更有深度

"授人以鱼，不如授人以渔"，这是每个教师都知道的道理。语文学习同样有很多方法需要一点一点教给学生，如读的方法、品的方法、说的方法、写的方法。我们应有意识地在一次次的课堂教学中教学生发现同类文章的共性，例如相同文体的特点、同一作家的作品特点，从中发现并积累相应的学习方法，在阅读同类作品或品析同类句段时能灵活取用，举一反三，让思考更有深度。

三、巧设活动，让学生皆有兴趣

如果没有形成浓厚的课堂学习氛围，教师讲得再精彩生动，课堂效果也处于低水平状态。而教学活动的设计是为了更有效地实现课堂教学目标，提升课堂效率。

当前，以活动为载体完成课堂教学任务的教学形式已经广受国内外教师的认可，并且随着近年来的实践摸索，越发认识到小组学习的重要性。一节课的成功与失败，往往跟这节课教学活动设计的科学性、合理性、针对性、灵活性有极大关系。因此，根据班级学生的知识储备、学习类型分布差异、课堂教学目标等情况，如何设计教学活动，让课堂效率最大化提高，是教师备课时应精心思考的问题。

近年来，很多教师为了激发学生积极参与课堂活动，采取小组捆绑加分等形式组织活动。从表面上看，这样的课堂也许有些功利，但是当多数学生由被动学习到主动学习，在学习活动中让身体站起来，将手举起来，成为一种学习的需要，我们的课堂还用担心只是几个学生的舞台吗？

四、教师关键时刻的点拨不可少

新课改后的课堂与传统课堂最大的区别就是课堂上学生站起来的机会越来越多了，教师的课堂倾听时间也随之增多。但是这并不是让教师只能听、不能说，听是为了更好地说。因此，教师在关键时刻的引导点拨必不可少。比如，在学生的意见出现严重分歧相持不下的时候，教师需要提示点拨，将智慧的火炬向新的方向传递。再如，学生在一个问题上任意发挥耗时过久，不得要领时，教师应及时介入指导，保证课堂的完整实效。

朗读感受文字的力量

——《安塞腰鼓》教学反思

罗 璇

在我看来，《安塞腰鼓》属于一篇朗读型文章，没有什么读不懂的东西。

我担心的是学生不爱读、不愿意读。这两个班的学生朗读能力不强，平时让他们读书都是无精打采的，而这篇文章最关键的是能够调动起他们读书的热情。

《安塞腰鼓》是需要用昂扬的气势、越来越激扬的语调来读的，倘若如他们往常读书那样，那么这个经典文本又要被埋没了。

在查阅各种实录设计的过程中，王君老师的一个细节处理让我印象非常深刻，那就是在读"隆隆"的时候敲击桌面。

对！只要这一个方法就够了，如何让他们读得有劲儿的问题再加上这么个动作之后便迎刃而解了。往常我会让他们看视频听读，但是这次我不想给他们看着画面听录音。我觉得这篇文章的文字太有气势，他们不应该看图片、看视频，而是先感受纯粹文字的这股劲儿。

这篇文章可以用一个"劲"字串起来。

感受"劲"——听录音，初读全文。

发现"劲"——后生之劲、场面之劲、鼓声之劲、舞姿之劲。

录音我选择了MP3格式，既没有视频也没有图片，只有声音。这个音频的确读得非常有劲。前面几段很安静，学生本来也是有一搭没一搭听着。

但是一到"看"字，两个班的学生都被镇住了，吓了一跳，那种懒散不见了。

录音对排比的递进以及关键句的处理都做得非常好。在"好一个安塞腰鼓"之后会有一段气壮山河、酣畅淋漓的鼓声，学生的精神气也被提起来了。

听罢，我引导学生分了一下层次和各层次的主要段落之后，便开始朗读。

我先试探问有没有人领读，没有学生愿意，于是我示范朗读。

过去我一直觉得自己朗读水平挺差的，但在备课的时候试了几次，自我感觉读得越来越好。因为我拿着话筒声音也大，情感也越来越有韵味了。

读之前，我说："我有两个要求：一是当我读的时候，每当读完'好一个安塞腰鼓'，你们就敲自己的桌面，不要敲多，四下即可；二是当我读到'隆隆'时，一边敲一边读，听懂了吗？"

当我读到出现"安塞腰鼓"时，他们早就按捺不住，和我一起喊出这四个字，同时开始敲桌面。

一班的课我上得很舒服，读得带感，节奏打得也不错，气氛都调动起来了。而且读到最后一个自然段，他们自然而然就随着文章寂静下来，刚刚那种喧闹的、热烈的、亢奋的场面真的立刻静下来了。

二班上课之前我还很担心。会不会不能像一班效果那么好？他们那么不喜欢读书，也比较沉寂。但是出乎我意料的是，如果要说效果的话，二班比一班还要激烈。我明显感觉这些小家伙的眼睛都瞪圆了，特别有劲。他们都很大声、很用心地读，而且所有人都在等待着"好一个安塞腰鼓"的出现。

这种感觉真的好像在教室里面敲腰鼓一样，震天响，甚至有的同学激动到把书敲破，但是这的的确确是我想要看到的画面，这篇《安塞腰鼓》就应该这么带劲地号出来、吼出来。二班读到最后也随着文字静了下来。

读完之后，文字的力量已经让他们感受到了安塞腰鼓的壮烈与豪迈，这比通过视频、图片达到的效果更棒，况且不能依赖图片、视频，那些是工具、配角，绝不能成为主角。

大声朗读，以读促思

——《黄河颂》教学反思

范妍妍

　　《黄河颂》是《黄河大合唱》的第二乐章，实际上是一首歌词。诗人光未然以激情澎湃的颂歌方式，高歌赞颂黄河的伟大坚强。歌词意境雄伟壮阔，在颂黄河的时候直抒胸臆，豪迈之情犹如黄河波涛一般一层一层地迸发而出，这是一个非常适合齐声朗读、分角色演读、大声朗读的教学文章。

　　初一每个班有50余人，人数众多，刚好遇到《黄河颂》气势如此澎湃的现代诗歌作品，也非常适合全班大声朗读。

　　我在网上看过很多关于《黄河大合唱》的朗读视频以及艺术家们的演唱视频，都很精彩。但是我想，学生在不事先观看视频的情况下，可以通过自己的朗读来理解这种激情澎湃吗？

　　于是，我舍弃了原先准备的所有视频、图片，甚至在没有配乐的情况下，先让学生自由地朗读。我发现，一部分比较大胆的学生已经在自由朗读的过程中读出了某种豪迈感。

　　接下来，由我带读，全班齐读全诗。果然，无需我过多地讲解，学生已经初步读出了《黄河颂》的气势。

　　紧接着，我纠正他们的读音以及朗读的节奏，在细节处指导他们对情感的把握。我进一步细化全班朗诵，采用两位朗读气势强劲的学生带读、男生女生分读等方式。安排如下：

　　学生1带读朗读词部分。

　　全班男生齐读"我站在高山之巅……万丈狂澜"部分。

全班女生齐读"浊流宛转……奔向黄海之边"部分。

全班齐读"把中原大地，劈成南北两岸"。

全班女生齐读第一个"啊！黄河！"（黄河养育了中华民族）

全班男生齐读第二个"啊！黄河！"（黄河保卫了中华民族）

全班齐读第三个"啊！黄河！"（黄河激励了中华民族）

全班齐读"我们祖国的英雄儿女……坚强"部分。

在学生朗读的过程中，我惊喜地发现，即便是我没有指导的地方，他们也读得非常好。例如，他们会重读"望""掀""劈"等动词，也会对歌词中出现反复的句子"像你一样的伟大坚强"读出层次感，在最后一句的结尾处，全班不自觉地放缓语速，饱含深情地读完。

此时，学生已经渐入佳境，我趁机提出问题，以读促思："在你朗读的过程中，你发现你是怎么读'望''掀''劈''万丈狂澜''一泻万丈'等词语的？说一说你为什么这样处理？结合内容、旁批和课后题第一题，思考老师为什么这样分给大家读？"在学生交流之后，明确课文的结构层次。在朗读活动中，这些问题迎刃而解。

这首歌词是在家国存亡的关头，作者在抗战期间发出的磅礴爱国之情。七年级的学生还没开始学习中国近代史，虽然对具体的历史事件还没有系统的认识，但是对家国情怀、抗日战争的历史还是有一定感知的，因此在多次、反复朗读之后，教师再进行背景的解析，加深学生对歌词的理解。

最后，我让学生在最放松的状态下再次朗读《黄河颂》，提示学生可以站起来或设计动作等。可以发现，有一些学生会不自觉地想要站起来，按照之前的分工角色，洪亮激情的诵读声响彻整个教室。

我也在班级最后的齐读中，不由自主地和学生一起朗读。这是我上过的最"纯粹"的一堂朗读课，把朗读贯穿始终，在朗读中思考，在思考后朗读。学生在大声朗读、反复朗读中所引发的想象和思考，比教师简单地展示图片、播放视频等方式更能触动心灵。

寻寻觅觅，再逢桃花源

——《桃花源记》教学反思

陈 媛

八年级下学期开学第一周，语文第一课便是《桃花源记》。关于《桃花源记》，我有一个不那么美好的回忆。

第一次走上讲台，我讲的第一课就是《桃花源记》。我提前做了很多功课，搜集了很多资料，关于陶渊明，关于桃花源，关于文中的每一个注释。每一个知识点我都觉得重要，每一个细节都想讲，于是我的第一节课从头到尾都是一个人的演讲。学生一开始还有些新奇，但老师过多的语言很快就让他们失去了兴趣，不自信和紧张让我的语言和姿态也变得僵硬。现在想来，这一课可以列入我为时不长的教学史上最尴尬的灾难课堂之一。

重新拿到这篇课文，我心里还是有道坎，这一次能否一雪前耻，把这一课成功上好呢？

借助备课组的力量，我对这篇课文的课堂教学有了新的认识。定目标、找重点、理思路，有了方向的引导，每一环节再由自己填充，整节课的设计也清晰明朗起来。

在目标的选择上，我分成了文学常识、文言知识、文章主旨三类目标。文学常识通过学生课前搜集、课堂老师补充的方法；文言知识通过小组合作讨论的方式；文章主旨则采用小型辩论赛和小练笔的方式。

其中小型辩论赛和小练笔是学生最感兴趣的环节。我课前布置辩题"桃花源是否真实存在"，把学生分成正反方两个小组。学生一下课就开始从课文中找依据，回家后还到网上搜索关于桃花源的蛛丝马迹，在学生群里迫不及待地开始了争论，课堂上的辩论也是精彩纷呈、妙语连珠。

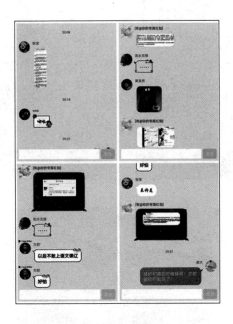

　　陶渊明笔下的桃花源已难辨真假，但我们每个人心中都有一个桃花源。于是，我布置的课后作业就是"我心中的桃花源"小练笔，也可以为自己的文字配图。

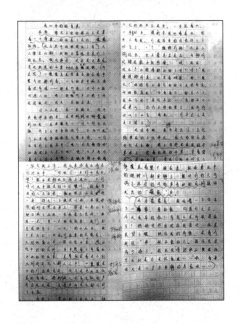

第五篇 教学反思

一篇课文学完，学生读了、说了、写了，还画了，将教学目标和多样的课堂活动相结合，学生不再感到乏味无趣。告别了"一言堂"的课堂，把课堂交还给学生，老师也把自己紧绷的神经解放开来，以更自然、更大方的姿态站上讲台。

　　这次再逢桃花源，我也发现了它的美好。

朗读教学运用于《植树的牧羊人》的
教学反思

陈　颖

1. 预习课文，自主解决生字词的疑难

布置课前预习任务：通读全文，对比"我"和牧羊人三次见面的情形以及高原上的变化，完成课后习题第一题，并要求学生完成预习所应达到的疏通字音、字义的目标。

2. 以读促讲，理清文章情节发展过程

（1）检查预习成果。PPT呈现本课重点字词，选一名学生朗读，要求做到字音正确、流畅、清晰，其他学生仔细听，订正后全班集体朗读重点字词。

（2）学生默读，回顾本文完整的故事情节，并由一名学生复述故事梗概，要求包含时间、地点、人物和情节要素。

（3）学生回答后教师总结。

师：这位同学的讲述非常清晰，也很细致，包含了时间、地点、人物和主要事件及其结果这些要素，大家预习的效果都要达到这个程度才算是合格的。我们来检查一下大家对课前预习任务的完成程度，请同学们按照出示的表格完成空格部分，并能为全班同学朗读出你在原文中找到的依据。

学生找出原文关键句并朗读。

师：我看到大家那么积极地回答老师的问题，很欣慰，也知道大家都非常认真地完成老师布置的课前任务，给大家点赞。特别要表扬刚刚给大家示范朗读的六位同学，字音准确，理解到位，但情感方面还存在不足。不过没关系，大家待会都要参与朗读，我们一定能把这些重点句子读好。

师：首先，大家要告诉老师，这三次相见，哪一次见面作者所花笔墨更多？（学生回答）好的，既然大家意见一致，认为第一次相见所花费的笔墨更多，那么我们也把这部分作为重点去朗读和分析。

3. 分角色朗读，品析主人公人物形象

师：大家看一下屏幕，老师将"我"和牧羊人第一次相见的重点句子放在了PPT上。这里一共出现了两个人物形象，加上旁白就是三个角色。请四人小组合作，编排一个短小的剧本，将几个人物形象分给组员，通过朗读的形式表演出来。

学生小组合作朗读，教师巡视并提供帮助，最后选一个小组在全班展示。

师：每个小组都积极行动，这次是全班参与朗读、表演，老师认为效果非常好。你们一定也对故事中的人物形象有了更深刻、更具体的体会，咱们分享一下自己的观点，说一下你新发现的牧羊人的性格。

学生总结牧羊人的性格特点。

【教学反思】

（1）小说的学习重视课前预习，只有在保证课前预习的情况下课堂上才能尽可能多地让学生发言。小说的阅读除了大方向的主题理解，更多的是私人体验，所塑造的真实情景也有利于学生链接自己的真实体验。我们提倡教师布置课前任务，而且是能够沟通全文线索的任务，让学生在预习中理清全文的故事情节和脉络，更能激发学生创造性的设想。无论是新发现还是疑问，都能够激活课堂。在阅读中要求学生通读、朗读，这是为了使学生不至于错失细节、漏失生字词，更有助于培养学生良好的学习习惯，学会专注的品质。

（2）有了预习的保证，课上只需要简短的回顾便可以对全文主要内容梳理清楚。不同学生的预习效果和提炼答案的能力还是存在差异的，因此有必要通过学生展示帮助全班同学树立方向性认识。在这个过程中，朗读依然是必要的。因为要让学生知其所以然，就要朗读得出文章的关键句。

（3）课上的朗读更多的是对内容的梳理，还没有完全发挥朗读的效果，更没有彰显朗读的魅力。分角色朗读不仅要求参与的人数更多，而且这种对话式的朗读还要求对人物形象有更多的体会。读的过程也是理解人物的过程，部分学生的表现能力比较好，他们愿意也敢于赋予人物以动作和神情。那么，分

角色朗读不仅仅对他们自己理解人物有帮助，更能帮助其他同学走进人物内心。

作为一篇完整的课文，《植树的牧羊人》这一课程的安排还需要改进，主要问题在于朗读教学的作用没有得到完全的发挥，特别是对学生的朗读指导不够，教师的示范作用更是没有发挥出来。

语文复习课教学反思

李 雪

褚树荣先生在《语文复习课中的"教育点"——基于9个复习课例的教育意涵分析》一文中将语文复习课的基本教学逻辑归纳为五个点：解除学习困惑、深化学科知识、优化思维过程、形成知识建构、提高考试成绩。在中考和高考的标准线下，应试教育的影子难以剔除，到了初三和高三，语文复习课几乎都是在这五个点的融会贯通中进行的。当我们将各类文本中所学的、所感的有血有肉的人、事、物全部变成试题中的符号时，任何的珍馐美味也将味同嚼蜡。正如褚树荣先生所担忧的一样，求知不再是令人兴奋的探索未知的过程，而是充满强迫压力和厌恶情绪的操练，导致很多学生对学习不堪回首，直至讨厌知识和学习本身，这将是于国无益、于己有害的做法。

基于此，我亦联系自己的工作实际，重新审视自己的课堂教学。

2019年中考在即，针对中考题型的模块，文言文课内阅读部分是复习的重点。为此，总共6本教材的文言文篇目按照复习计划有条不紊地进行着。为了让学生能够扎实掌握课堂的复习内容，真正将文言文知识点落实到位，我在课堂中将重点知识控制在十分钟之内梳理完毕，然后将时间留给学生，让他们背诵记忆。复习一段时间后，当我再次检查复习效果时，学生的掌握情况并不好。我不禁思考，问题出现在哪里？课堂纪律吗？我一直在课堂上走动，关注每个学生的复习状态，对于不认真、不投入的状况一定会及时提醒。知识难度吗？我将知识点进行分层处理，重难点会拣出来单独讲，并且会在学生记忆的时候进行巡查，发现问题立刻解决。问题不在这里，到底在哪里呢？为此，我找学生了解情况，他们也有这样的疑问，明明很努力地背了，为什么会记不下来？看了褚树荣先生的文章后我明白了，问题就在于少了激情。冗杂的复习内容、枯燥的复习氛围降低了学生的积极性，也降低了学生的头脑活跃度，使记忆效果打了折扣。正如褚先生所说，复习课既要有教学点，也要有教育意涵。正向的学习理解含义有二：一是学生对学习有正确的认知，复习不仅是助力升学，更是提高素养、提升品位，为生活和工作奠基；二是通过复习带来积极的情感体验，如悦纳课程内容，产生好奇和兴趣，养成习惯和信心，甚至形成爱好和职业倾向。如何悦纳？如何好奇？用组织活动的形式让乏味的背诵记忆变成游戏，在乐中学，在学中记。如何践行？关键是教师要有舍得的魄力，无论复习时间多么宝贵，我们都要把握好核心，即只有让学生掌握了才是最有效的复习。

由此，我及时调整课堂设计，将记忆背诵时间重新整合，并将内容切割分块，减轻学生的心理压力，以每一次记忆结束之后进行挑战赛的形式检查效果。学生的积极性有了明显提高，课堂氛围也变得欢快起来。

另外，我也深刻认识到文言文复习不应只停留在针对中考题型的训练，任何文章都有其思想光辉，这是语文教学不能回避的，更应该是复习课要正视的。例如，《岳阳楼记》中的"古仁人之心"是课文的重点，如果只停留在理解性默写和课文主旨的层次，就人为局限了这篇文章的价值。如果我们有意识地将"古仁人之心"的现代意义引申出来，对于引导学生正确认识自我和周围世界，树立正确的世界观、人生观、价值观是有重大价值的。退一步说，这样的引申对学生的事理审辨能力也有重大提升，将对其阅读和写作有推动作用。毕竟流于表面的语言能力只是语文教学的基本层面，深刻的思想认识才是语文教学的重中之重。

总而言之，教学行为是教育内涵和教学目标的载体。语文学科的特点决定了课堂的特殊性，既要有效又要有味。作为一名一线教师，要时刻保持清醒，才能让学生受教于此时，受益于终身。

初中文言文的教学有感

崔维刚

我踏入一线教育战线已经六年有余，常听有人说起初中生有三怕：一怕文言文，二怕周树人，三怕写作文。不难看出，文言文学习给初中生带来了极大的心理压力，同样也让很多一线教师困扰。下面就结合自己的教学实践，谈谈我对文言文课堂的一些思考。中学文言文教学普遍存在沉闷的现象，所以我个人觉得有必要重新反思文言文教学模式，在不断的实践中总结反思，梳理出"预习生成——诵读感悟——激活课堂——拓展延伸"这一思路。

钱梦龙老师说："古文教学是语文教学改革的一个'死角'，古文教学需要创新。"那么，教师怎样才能在文言文教学中打破"一言堂"的沉闷局面，通过启发、引导让学生主动地动起来，不再视学习文言文为畏途呢？下面，我将对上面的教学思路具体分析。

一、预习生成

凡事预则立，不预则废。预习是求知过程的一个良好开端，可是学生面对一篇生疏的文言文往往会因翻译的难度而不敢、不想去预习思考，久而久之就产生了依赖老师讲解或者直接参照翻译书的惰性心理。这种被动学习的方法显然要不得。"充分激发学生的主动意识和进取精神，倡导自主、合作的方式""一切为了每一位学生的发展"是新课程的最高宗旨和核心理念。这就要求教师在教学中改弦更张，让学生独立自主地发现、分析、解决问题，为发展提高打下坚实的基础。针对学生课前预习工作的缺乏，教师可以在课前给学生布置一些有导向性的预习题目，让他们产生一种求知的欲望，然后在这种内动力的驱动下主动研读课文。例如在教学墨子的《公输》时，可以给学生布置这样的预习作业：

（1）读课文，看注释，查字典，联系上下文，解释下列重点语句：吾义固不杀人／王吏之攻宋／公输班九设攻城之机变。

（2）用原文（标在课文上）回答下列问题：

① 从"行十日十夜"中可以看出墨子是一个怎样的人？

② 墨子见公输班说"愿借子杀之"的目的是什么？

这样，学生亲身投入到阅读实践、独立思考、主动求知中，确保他们的主体地位。现在学生每学一篇文言文，必先对照注释读课文，边读边思考，遇到不解的字词或问题便做上记号，听讲解时也就更加专注了。在课堂上通过师生、生生积极地合作讨论，畅所欲言，迸射思想的火花，解决各自在阅读过程中解决不了的问题，由此获得学习文言文的乐趣，找到合作的快乐，培养合作的意识。如此，成效是"满堂灌"的陈旧教法无法比拟的。

二、诵读感悟

书读百遍，其义自见。读通文言文是《中学语文教学大纲》的基本要求，而诵读是千百年来人们从学习文言文的实践中总结出来的行之有效的好方法。一个人的语文能力主要表现在语感上，而诵读是加深文言文理解、培养学生语感素质、训练学生语言能力的重要途径。朱熹说："学者观书，务须读得字字响亮，不可误读一字，不可少读一字，不可多读一字，不可倒读一字，不可牵强硬记，只要多读数遍，自然上口，久远不忘。"这不仅强调了诵读的重要，而且提出了严格的要求。可以说，如果学生能熟练诵读，那么文章的意思肯定已经理解三分了。因此，教师一定要避免亦步亦趋传统文言文串讲法，而是有必要重视起诵读的重要性来。指导学生诵读并形成习惯，可收到事半功倍之效。

文言文虽然已经失去"活"的语言环境，但它自身却有很强的可读性。通过反复诵读，字、词、句会自然而然地进入学生的头脑，许多语句烂熟于心后，对语言会有极度的敏感，对文章的领悟也能逐步加深，文章内容与主旨可随之内化为学生自己的知识储备。这样，学生既获取了知识，又提升了文化素养。

当然，诵读的形式有多种，教师不仅要让学生有自由诵读的机会，更要予以适当的指导，这样才能利于学生吟咏玩味，体验文言文的美。

三、激活课堂

文言文和现代文一脉相承。所以，虽是文言文解读，但学习中一定要有"文"的意识，即培养学生"初步的文学鉴赏能力"。因此，传统的"解题——背景介绍——串讲翻译——字句深析——背诵记忆"文言文教学模式应当打破，必须从更高的层面和更广阔的视角反思文言文教学。例如，诸葛亮的《出师表》是一篇融叙事抒情议论于一体、真切感人的散文名作。对这篇课文，学生一般经过猜读可以读懂大半，所以教学中不必强迫学生把古文肢解为一堆词句来理解，而应该加强对整体文意的理解，在整体感受中掌握文言文的词句，从文中关键字词句的确切理解来掌握整体文意。这样把审美情趣融入其中，学生自会感兴趣。课堂兴趣的激活靠的是教师灵活高超的驾驭，靠的是教师的教学机智。而用当代视野解读文言文，打破文言文与生活之间的"厚障壁"，与社会天地相接壤，使文言文教学成为"生活语文"，不失为激活课堂的良策。所谓"生活语文"，就是寻找课文和学生现实的共振点，注入"时代的活水"，指导学生在生活中学习并运用语文，在学习语文的同时了解生活，从而激发学生听、说、读、写的强烈愿望，激活课堂气氛，将教学目的要求转化为学生的内在需要。

四、拓展延伸

"温故而知新"，课后的巩固与拓展十分重要。教育家张中行谈到文言文阅读的"量"时，认为量必须足，这很切中肯綮。"不积跬步，无以至千里。"没有量的积累，就不可能有质的变化。量不够，往往是学了就忘，等于没学。文言文学习中，积累越丰厚，相应的阅读分析能力也就越强。所以不管课外拓展的文言文内容是否对考试有用，都要引导学生扎扎实实地掌握。

五、总结

无论什么样的课型，一定要依托学情，教师个人的古文素养也同样重要。但是若既能扎扎实实上考场，又能古色古香去鉴赏，那么文言文的学习一定达到或者超过课标要求了。

学思结合，乐享其中

——《〈论语〉十二章》教学反思

刘梦玲

正巧学校开展《论语》经典国学进校园活动，我选择了《〈论语〉十二章》作为公开课的内容。选择《论语》是偶然，也是必然。说它偶然是因为正巧学到这一课，必然是因为我喜欢《论语》的仁爱思想。

在备课前，我认真阅读了余映潮老师的教学实录。在余老师的基础上，我从学生的学情出发进行了修改，将余老师的四个收获"激励志向、陶冶情操、启迪智慧、积累语言"改成"学习方法、学习态度、个人修养"三个主要方面。最后，再将"贤哉，回也！一箪食，一瓢饮，在陋巷，人不堪其忧，回也不改其乐。贤哉，回也"与"饭疏食饮水，曲肱而枕之，乐亦在其中矣。不义而富且贵，于我如浮云"进行详细的写法指导以及个人修养方面的分析。

可是，余老师毕竟是大家。而我才疏学浅，还需多修炼才能自如地掌握余老师驾驭课堂的方式与方法。所以在宋晓朋特级教师的指导下，我做了修正，进行第二课时的教学展示。执教后，我有如下深刻的体会：

（1）理性设计，巧妙呈现。语文教学有固定的框架，应该是理性地设计、巧妙地呈现。在进行《论语》十二章分类的过程中，我让学生划分关于学习方法、学习态度、个人修养的语句，并说出语句所强调的内容。其实，章节里面没有严格的内容方式的划分。在课堂上我提醒学生："有些句子没有明显界线的划分，既属于学习方法也属于学习态度。"例如"知之者不如好之者，好之者不如乐之者"，学生在分类时受到思维的限制，所以教师应该做到理性设计，巧妙、灵活地呈现。

（2）求甚解，方可提升。虽然"书读百遍，其义自见"，但是我们有时候无法让学生做到一句话读百遍，那何解呢？在理解中背，这样效率更高。学生在逐字逐句的理解后，有利于记忆，也提高了学习效率，这样的背诵更有效。因为前一节课是《〈论语〉十二章》第一课时，学生对内容还是有点儿不理解，但是已基本能背诵。在求甚解后，学生背诵时也就更能领悟孔子的思想了。

（3）深入浅出，不忘深入。我在设计教学时不够深入，执教结束后发现学生可以进入深一层次的理解，在分析"每一章强调什么内容"的过程中可以再深入挖掘含义。例如，"饭疏食饮水，曲肱而枕之，乐亦在其中矣。不义而富且贵，于我如浮云"，孔子对富贵、自身修养、学习态度的认识以及他的安贫乐道，都可以再深入剖析。

（4）学以致用，积累运用。在教学设计中，学习完《〈论语〉十二章》的学习方法、学习态度、个人修养后，我做了两手准备：一是学生自主谈体会；二是创设情境，让学生学以致用。因为时间关系，我选用情境的方式带领学生做到学以致用，结束后也拓展了《论语》的其他几章，激发学生阅读《论语》的兴趣。

"学而不思则罔，思而不学则殆。"在学习中反思，在反思中学习，一次的公开课让我受益匪浅，乐享其中。"路漫漫其修远兮，吾将上下而求索。"我将继续在初中语文教学中寻找自己的落脚点，扎实走好每一步。

第六篇

说 课 稿

《春》说课稿

宋晓朋

我说的是初中语文第一册第三单元中《春》的第二课时。我的说课分为四部分。

第一部分：说教材，包括三方面内容。

第一方面，分析教材。

文章描绘了大地回春、万物勃发的景象，赞美了春的创造力，激励人们珍惜时光、奋发向上，抒发了作者对春天的热爱。作者是现代著名作家、学者朱自清。可以说，《春》是朱自清的代表作，也是写景散文的典范之作，还是学生进入初中以来接触的第一篇散文，它的地位显得尤为突出。

第二方面，确立目标。

新课程标准指出，阅读教学重点培养学生感受、理解、欣赏、评价的能力。另外，《春》本身就是文质兼美的散文名篇，据此我确立如下学习目标：

（1）知识与能力目标：了解写景散文的特点，懂得写景要抓住景物的特征，合理安排写景的顺序，运用适当的表现手法。

（2）过程与方法目标：能够在正确、流利、有感情地朗读的基础上说出自己的感悟，能运用合作的方式共同探讨疑难问题。

（3）情感、态度、价值观目标：激发起学生热爱大自然的感情，形成健康的审美情趣。

第三方面，确定重难点。

根据对教材的分析和目标的确立，再加上初一学生对散文的阅读能力还很有限的学情，确定学习重点为感受美景、品味美文、能够美读；学习难点为注意到写景的顺序以及一些表现手法的作用。

第二部分：说学法。

新课程提倡以读促析，而非以析代读。西方学者布鲁巴克说："让学生自己说出感受是最精湛的教学艺术遵循的最高准则。"因此，本节课采用的主要学法是反复朗读、自主感悟，兼以合作学习、探究学习的学习方式。

第三部分：说教法。

著名教育家叶圣陶说："教的法子取决于学的法子。"新课程改革也提出一个很重要的观点，就是"以学定教"。因此，我采用的最主要教法是朗读指导法，兼以启发式、点拨法。

第四部分：说教学过程，分为四个环节。

第一环节：导入课文。

为了使本节课与上节课所学有所衔接，也为了使学生尽快进入到学习情境当中，我设计了这样的开篇语：

师：同学们，上节课我们对全文的思路进行整体的关注，原来作者是按照"盼春——绘春——赞春"的顺序结构全篇的。同时，我们进行了大量的朗读训练，绝大多数同学做到了"正确、流利地朗读课文"，但"有感情地朗读课文"这一点还有所欠缺。这节课，就让我们再次走进《春》，拜读《春》，品味《春》之美！

第二环节：发现美景。

学生之所以读课文缺乏感情，主要是对文章内容理解不深刻。因此，引导学生与文本及作者做深层次的对话，用情感碰撞情感，才能让学生用心灵体味文章的美。为此，我设计了这样过渡语：

师：现在请大家默读课文，让我们睁大智慧的双眼，发现春的美！稍后我们要交流一下：你认为文章哪些地方写得最精彩，为什么这样认为？

在学生品味语言美的过程中，教师要引导他们关注这样一个重要的问题：例如认为"春花图"写得美，必然要谈到作者抓住了春花竞放、繁多、芳香的特点；认为"春雨图"写得妙，必然是因为作者抓住了春雨细、密、柔的特点。也就是说，描写景物首先要细致观察，抓住景物的特点。

当然，学生的感悟不一而足。课程标准指出，要珍视和尊重学生的独特感受，所以我尽量请学生表达自己的观点。之后，我又设计了这样的导语：

第六篇 说课稿

师：大家用明亮的眼睛发现了春天的美，你们真的很了不起！现在让我们带着对春的喜爱之情再读课文，比较一下，是不是比上节课要感情充沛很多？

2～3名学生范读几段自己喜欢的文字后，相信他们一定能体会到成功的喜悦！

第三环节：发掘美法。

"教是为了不要教""授人以鱼不如授人以渔"，阅读课不仅引导学生明白文章"写什么"，更要让他们懂得"怎么写"。因此，我设计了这样的导语：

师：朱自清先生的文章读来令我们满口余香，大家想不想知道他妙笔生花的秘密？请同学们再回到文章当中去，大家细细品读，在你觉得读出写法的地方做出批注，看谁不仅能发现文字的美，还能发掘隐藏在文字背后的写法美。

学生的品读，根据他们的阅读经历，对于一些问题能有所体会，诸如常见的修辞手法、比喻与拟人的表达效果，还有文中采用的写景顺序——由上至下的作用等，而对于诸如"虚实结合"和"调动感官"等写法比较陌生，所以需要教师发挥主导作用。比如点拨"虚实结合"的写法时，我是这样架设难点与学生思维之间的桥梁的：

师："树上已经满是桃儿、杏儿、梨儿"这句话写得真好，刚才还是繁花满树，忽然间就硕果累累。那么，哪一句是眼前实景呢？（学生回答）这就是说，果实一句是虚写，是想象，即所谓的"虚实结合"。通过这种写法，可以看出作家的想象力该有多么丰富啊！

对于"调动感官"的作用，也做类似的启发。

第四环节：竞相美读。

人们认识事物一般都是按照由总到分再到总的规律，所以在教学的最后阶段，我按两个步骤进行总结。

第一步的导语：

师：同学们不仅读出了文章的文字之美，还发掘出写法之美，现在我们更要做到朗读之美。上节课我们每个小组各自选出了一名朗读选手，而且还约定选手找一支自己喜欢也适合本文朗读的乐曲。下面，有请四位选手为大家表演配乐朗诵！

第二步的导语：

师：四位同学的朗读带给我们美的享受。我给大家带来了我国传统民乐《春江花月夜》，我们一起朗读全文。让我们在春江潮水的伴奏声中一起走向春天，拥抱大自然，享受美丽的人生！

学生的整体朗读将课堂氛围推向高潮，课堂教学在高潮中戛然而止，我的说课也到此结束。

《安塞腰鼓》说课稿

谢锋俊

　　《安塞腰鼓》是部编版八年级下册第一单元课文，本单元的课文或表现各地风土人情，或展示传统文化习俗。通过对课文的学习，我们能够从中看到一幅幅民俗风情画卷，感受精彩的生活方式和多彩的地域文化，更好地理解民俗的价值和意义。下面我就按说教材、说教法、说学法、说教学程序四个部分进行说课。

一、说教材

1. 教材的地位及课文特点

　　民俗是民间流行的习俗、风尚，是由民众创造并世代传承的民间文化。本单元均为与文化艺术有关的文章。本文铿锵磅礴的语言、瑰丽奇伟的想象、急促暴烈的节奏，展现了我们中华民族生生不息、澎湃激扬的活力，具有丰富的人文内涵。

2. 教学目标

　　依据新课程标准及本单元要求，结合本文特点，我确定教学目标如下：

　　（1）工具性：学习排比手法，理解其作用。培养学生阅读、欣赏的能力，学习有感情地朗读课文。

　　（2）人文性：感受安塞腰鼓所宣泄的生命力量，激发学生对人生的思考。

3. 教学重点、难点

　　本文既用写实的笔触描绘了气势磅礴的腰鼓表演，塑造了可触可感的艺术形象，又用更多的笔墨写意。

重点：朗读课文，学习排比的手法及作用，感受安塞腰鼓所宣泄的生命力量。

难点：理解重点句子的深刻含义，引导学生借助文字再现形象。

二、说教法

基于本课的特点，结合创新教育理论，在课堂教学中注重学生读的优化训练，以读代讲，以声感人。因此，本文采用的主要教学方法为：

（1）指导学生从朗读中感受音美、形美、意美，并准确掌握朗读的语速、停顿、重音。

（2）通过自主、合作、探究的多元合作学习法，共同完成教学目标。

关键：生成教学法，以读代讲，精讲多练。

三、说学法

一个好的教师应善于引导学生发现真理，正如叶圣陶提出的"凡为教者必期于达到不须教"。

本文作为一篇诗化散文，将指导学生以"朗读法"学习课文，即以"朗读"一线贯穿读、说、析、品、评，让学生受到熏陶，完成教学；以"讨论法"引导学生自主学习、合作探究，注重学生的实践探究能力和学习中的独特体验。不求全，不求面面俱到，这也是符合新课程标准精神的。

四、说教学程序

（1）情境导入——看腰鼓。

（2）整体感知——品课文（听、读）。

（3）合作研讨——悟佳句。

（4）延伸提高——用妙语。

（一）情境导入——看腰鼓

诗词导入，简介安塞的位置，出示腰鼓图片及简介。

师：下面让我们观看一段安塞腰鼓的视频，一起感受其中的生命力量。

好的导入犹如唱戏前的开台锣鼓，未开台先叫座。此导入的设计是为了贴近课文内容，吸引学生的注意力，激发学生学习的兴趣和欲望，使学生主动、自觉地进入下一环节——新课的学习。

（二）学习新课

根据本文的教学思想及模式，我设计了三个板块。在这些板块的学习中，我将大部分的时间交给了学生，让他们合作学习。

第一板块：初读课文，整体感知。

问题设计：

（1）填空题：_____的安塞腰鼓。

（2）选择题："打鼓""击鼓""捶鼓"，哪个更能体现腰鼓的气势？（学生当场模拟捶鼓，体验气势）

（3）谁在捶？多少个人在捶？

（4）作者刘成章如何表现安塞腰鼓的气势呢？

这一板块的设计主要从不同角度对文本进行解读，对文本进行初步感知。

第二板块：精读文章，品味语言。

这一板块主要采用"朗读"策略，列出5组排比句，指导学生从读中悟、从悟中读，侧重实现能力目标与情感目标。

本文大量运用排比，有句内部、句与句、段与段之间的排比。这些排比句使文章气势恢宏、语气连贯、节奏明快，能表达出强烈的思想感情。

本环节设计的目的是感受语言的节奏美、诗意美，使学生学会排比的手法及作用，感受安塞腰鼓宣泄的生命力量，达到凸显本文教学重点的目的。

第三板块：合作交流，挖掘文意。

这个板块主要通过学生再次品读、合作交流的优化训练，理解重点句子的深刻含义，引导学生借助文字再现形象，实现对本文教学难点的突破。

提问：

（1）作者对安塞腰鼓的感情如何？从文中找出来。

学生朗读：好一个安塞腰鼓。

说说三个"好一个安塞腰鼓"的作用。这是文章内容与结构上的核心句，要让学生学会在读中把握文章的"脉"。

（2）文章最后三段怎么理解？

"当它戛然而止的时候，世界出奇的寂静，以至使人感到对她十分陌生。"这是以静来反衬闹，可收到更好的艺术效果。

"耳畔是一声渺远的鸡声。"鸡声是天亮的标志，是新的一天的开始，是希望的象征。这种安塞腰鼓所喷发出来的力量，一定会带动生命的奔腾升华，一定会创造出一个崭新的世界，这正是希望所在。

（三）拓展延伸，知识迁移

拓展训练：用排比句和短句的方法描写一个场景，如比赛、集市、演出、劳动等。

学生写好后，小组互评，课堂展示，师生共议，评出好作品若干，并给予表扬与鼓励。

最后布置作业，让学生找出自己喜欢的段落，并熟读成诵，目的是进一步理解并学习本文的语言样式。

本文教学摒弃了教师的详细分析、讲解，在侧重学生自读感悟与探究的同时，以学生活动为课堂主线。

因而，本文的教学具有极大的开放性、灵活性与不可预知性，要求教师参与到学习中去，成为学习的促进者与指导者。

《从百草园到三味书屋》说课稿

杜 慧

引言： 我们的童年，也许是一片宽阔的原野，有绿油油的稻田和蝉鸣声声的夏天；我们的童年，也许是一汪纯净的湖面，有清凉舒爽的微风和从流飘荡的小船；我们的童年，也许还有一位博学严厉的老师，促我们上进，让我们不懈怠。童年，也许有甜蜜，有叹息，有留恋。

我说课的题目是人教版七年级上册第三单元《从百草园到三味书屋》的第二课时，我将这节课的主题定位为"寻趣百草园"。

我的说课包括两方面的内容：教学重点和教学难点。

《从百草园到三味书屋》选自鲁迅的《朝花夕拾》，是一篇回忆童年生活的散文。鲁迅希望借此在辗转流徙的纷扰中"寻出一点闲静"，寄一丝安慰。所以，他将对童年饱含深情的怀念流泻在笔端，凝成了文章1~8自然段中那一行行充满诗情画意又神秘梦幻的文字。

新课程标准指出，语文教学要加强学生朗读，在朗读中感受作品的意境和情感。阅读是学生的个性化行为，不应以教师的分析来代替学生的阅读实践。

基于以上对教材的分析和对课程标准的理解，我确定本节课的教学重点为多形式朗读，在朗读中感受"百草园在那时却是我的乐园"的思想感情。

为了落实这个重点，我先出示百草园所涉及的三部分内容的图片，再引导学生对这三部分内容进行反复朗读，如组内互读、情景演读、小组展读等，读出多彩的颜色和诱人的香味，读出长妈妈故事中的形象和讲故事时的紧张之感，读出雪地捕鸟的遗憾和留恋。最后，学生通过给三部分内容拟小标题，如野趣泥墙根、妙趣美女蛇、童趣雪地鸟等，进一步加深他们对"百草园即我的乐园"的认识。

第三单元的单元目标为学习默读。本课的学习者是七年级学生，他们刚刚进入中学阶段，具备一定的语言欣赏和分析能力，但是运用起来还是不够熟练，需要教师多加引导。新课程标准对七年级学生还提出了如下要求：要在通读课文的基础上，理解、分析主要内容，体味和推敲重要词句在语言环境中的意义和作用。

苏联教育家苏霍姆林斯基曾说："人的心灵深处总有一种把自己当作发现者、研究者、探索者的固有需要，这种需要在中小学生的精神世界中尤为重要。"

根据学情及对初中生心理特点的分析，我确定这节课的学习难点是品味精准、传神的语言描写，学习抓住特点描写景物。

为了突破这个难点，我对学生进行了层层深入的追问："你认为百草园里什么东西最吸引你？""那作者又是怎么描写它的？""作者为什么能将这些景物描写得如此精彩？"接着让学生在默读中勾画出关于景物描写和细节描写的词句，让学生深入文本，通过品词析句寻找答案。大部分学生能够将目光放在"野趣泥墙根"多角度、多感官的景物描写中，体味作者构思的精巧；还有的学生注意到了"童趣雪地鸟"捕鸟时各动词的表达效果，明白课文这一部分"融情入景、景中有人"的特点。

《从百草园到三味书屋》第二课时说课稿

程梅

一、说教材

《从百草园到三味书屋》是人教版七年级语文第二册第三单元第一课，选自鲁迅的回忆性散文集《朝花夕拾》。文章状物、叙事、写人都十分生动，是鲁迅散文中的精品。尤其当时已45岁的中年鲁迅竟能用如此儿童化的语言回忆往事，唤起读者对美好生活的怀念，令人十分钦佩。文章写了"百草园"和"三味书屋"两处的童年生活，紧扣一个"乐"字，写了百草园的乐景、乐闻、乐事，刻画了一位严厉而又可敬可亲的老师，全文洋溢着对童年生活的美好回忆。

学习这篇文章，既可以感受极富表现力的语言，又可学习课文中写景、叙事等写作技巧，同时通过感受课文对无忧无虑、天真烂漫的童年时光的描摹，感受到永恒的童真、童趣、友谊和爱，这一切都值得即将告别童年的初一学生好好体会、领悟。

二、说学情

经过第一单元写景散文和第二单元叙事散文的学习，学生接触这篇集景、事、人为一体的佳作较为容易。新课程标准提倡以人为本、以生为本，让学生在民主、宽松、自主的教学氛围中全面参与学习活动，主动地得到全面发展。初一的学生性情比较活泼，但语文基础尚待提高，特别是面对鲁迅的文章风格，很多学生会有畏难情绪。因此，本课时通过精心设计的活动，让学生达到思维的兴奋点，从而乐学，是组织教学的关键。

三、说目标重难点

1. 教学目标

本单元的教学重点是学习默读，整体把握主要内容，关注关键句的作用。由于第一课时已经完成字词积累、内容梳理的学习，所以本课时我制订了以下三大目标：

（1）品味语言，学习写景多角度、选材扣主题、叙事有条理等技法。

（2）体会字里行间的童真童趣与美好的感情。

（3）在圈点勾画中学会赏析语言，在交流探讨中学会生动个性的表达。

2. 教学重难点

结合本课所处位置和本单元主题，我把指导学生养成语文学习习惯与掌握学习方法作为本课的教学重点。从理解课文方面看，难点在于让学生理解作者怎样融情于景、融情于事。

四、说教学法

根据本课的教学重点和学情，我决定采用自主探究与小组合作相结合的教法。一方面激励学生积极主动地学习，另一方面激励学生的兴趣、情感、意志、动机等非智力因素，全面提高心理素质，促进学生对语文的学习兴趣。

与此同时，创设情境法也将出现在本课时，促进学生"自主探究性"地学，拓展学生思维，培养学生的学习能力、探究能力、设疑能力、创新精神。学习散文的基本方法是读——抓关键，学习散文的最好方法还是读——抓关键，因此学生在本课中的主要学法就是读。引导学生通过初读、细读、精读、品读关键词句，经历寻疑、释疑、寻疑、品味、成诵等过程，理解内容，突破重难点。

五、说教学过程

1. 温故知新，导入新课

新课之前应先了解学生的已知水平，再有的放矢地开展新的学习活动。本节课的导入将由两个小问题帮助学生完成第一课时主要内容的回顾，然后明确本节课的学习内容是本文前半部分，即百草园的生活。

2. 活动一：赏乐景，忆童真

由于学生在第一单元已经完成《春》《济南的冬天》等精美写景文的学习，有了一定的鉴赏能力，因此这个环节主要以"寻宝"活动开展写景段的品读赏析。我设计的主问题是："反复诵读第二段，任选角度说说百草园之景'乐'在何处？参考句式：我选第_____句，请听我读_____，我认为这句_____。"

我将指导学生圈点勾画、有感情地朗读来完成多角度赏析，最后共同梳理出本段的妙点，作为以后写作的借鉴。

3. 活动二：说乐闻，话童趣

本环节主要带学生理解"美女蛇的故事"与本文主题的联系，我设计的问题是："作者讲这样一个故事是不是迷信？可否删掉？"提出这个疑问，组织学生小组讨论，引导学生结合自己的童年经历逐渐理解这一部分的意义，进一步理解带着童心融入童年回忆的重要性，为第三个环节的理解和探究奠定基础。

4. 活动三：话乐事，写童年

经过前两个活动的开展，学生掌握了一定的写景技巧和选材方法，本环节主要通过"换动词"活动，让学生感受抓住一系列动作对于叙述事件的巧妙作用。本环节会在PPT上呈现改动前后的段落对比，让学生对比品读，交流辩论，完成动词作用的学习。

接着，请学生口头分享童年趣景（或闻、或事），旨在激发学生思维，锻炼学生说、辨、析的能力，形成开放式课堂。

5. 积累好段，完成学习

本文第二、七段是学生写作的典范，因此课堂最后我设计了一个积累小比赛——选一段背诵，看谁记忆力最棒，在琅琅书声中完成本节课重难点的巩固和提升。

6. 布置作业，推荐阅读

听、说、读、写在本节课只得到四分之三的体现，所以我设计了这样一道作业：将口头小作文形成三百字左右的小练笔，题目自拟。我认为，这道作业既可体现学生对本节课的掌握情况，又可训练提升学生的表达能力。

另外，我推荐学生阅读《朝花夕拾》的其他文章和曹文轩的《草房子》等富有童真童趣、友谊和爱的书籍，让学生阅读积累，提高语文综合素养。

六、说板书设计

这节课的板书主要分两部分，主板书为本节主要内容：

乐景——乐闻——乐事。

副板书为写作借鉴，主要呈现本文在写景、选材、叙事等方面可学习的技法。

《从百草园到三味书屋》说课稿

罗 璇

一、说教材

《从百草园到三味书屋》是人教版七年级语文第二册第一单元第一课，是一篇回忆童年往事的叙事散文，文章状物、叙事、写人都栩栩如生，是鲁迅散文中的精品。"景是儿童心里的景，情是儿童心里的情。"文章共写了"百草园"和"三味书屋"两处的童年生活。

我将这篇课文分为三个课时，主要是这样安排的：

第一课时，在整体感知文章的基础上精读"百草园"写景段落，品味景物描写。

第二课时，用读写结合的方法品读百草园"美女蛇"的故事和"雪地捕鸟"的部分。

第三课时，品读三味书屋生活的童真童趣。

二、说教学目标和重难点

这里说的是第二课时。通过读写结合的教学方法感受文章中用语言表现的生动活泼、趣味盎然的故事，掌握课文的表达与写作技巧，同时根据新课程理念、单元要求与课文教材的特点，确定第二课时的教学目标。

1. 教学目标

（1）有感情地反复朗读课文，在朗读中了解鲁迅对百草园的喜爱。

（2）掌握课文特征，学会具体、有序的写作手法。

（3）结合自己的生活经验，从字里行间体会作者童年生活的乐趣。

2. 教学重难点

重点：在朗读中体味作者对百草园的喜爱。

难点：抓住特征，学会具体、有序的写作手法。

重点在读，难点在写。

三、说教学过程

通过回顾上节课的内容，百草园写了泥墙根的景色、美女蛇的故事、冬天雪地捕鸟。

1. 以导游式的语言趣味过渡，引入新课

师：各位旅客们，我这个导游要继续带着大家参观百草园了。咱们已经参观了百草园的第一站——泥墙根，现在天快黑了，长妈妈要讲故事喽。

让学生再读课文第3～6段"美女蛇"的部分，一边读一边思考。

师：第4自然段里藏了一个小鲁迅，你们找到了吗？

引导学生思考表面上这一段都是长妈妈在讲故事，其实有一句"后来呢"，让听故事的小鲁迅在文章里若隐若现。

即使没有描写听故事的人，也可以让学生从字里行间感受到小鲁迅听故事的动作和表情反应。让学生根据上下文补充"我"的表情、动作或语言，师生共同探讨，确定小鲁迅的表情神态和语言。

首先让两个学生演一演，一学生演长妈妈，一学生演鲁迅。

接着，教师示范如何带着气氛和情感来演读。老师演长妈妈，所有学生演鲁迅。这个时候为了营造气氛，可以关灯、关窗户，然后配上带有一点儿恐怖色彩的音乐，老师开始绘声绘色地讲美女蛇的故事。

最后再让学生表演，学生朗读比之前有所提高。

师：有了这个美女蛇，百草园的一草一木就不一样了。走到草丛边，就会想到那后边会不会有美女蛇；一阵风吹来，就会回头看会不会是美女蛇来了。百草园之所以迷人，就是因为有神奇的美女蛇故事，给百草园抹上了一层神秘的色彩。

2. 雪地捕鸟的部分

通过"鲁迅说冬天的百草园比较无趣，真的无趣吗"的问题引入，让学生找一找动词，抓住捕鸟的那几个关键动作。动作介绍清楚了，捕鸟的过程也就好写了。让学生学习抓住一些动作，把动作描写到位了，整个事情就介绍清楚了。

通过朗读体会雪地捕鸟的乐趣，让学生练笔：仿照第七段"雪地捕鸟"的写法，用不少于六个动词写一个游戏或一项活动（如钓鱼、溜冰、骑自行车等），注意用词准确。

3. 最后教师总结

师：百草园真是趣味无限，春天有碧绿的菜畦，夏天可以听蝉鸣和美女蛇的故事，秋天可以在蟋蟀的歌声中吃着覆盆子，冬天可以雪地捕鸟。

师：这样自由自在、无拘无束的生活，只可惜鲁迅上学了，只能和百草园说再见了。

师：百草园有如此多的乐趣当然舍不得离开，这是鲁迅在40多岁时写下的回忆性散文。

在此补充《朝花夕拾》的资料：

曾经屡次忆起儿时在故乡所吃的蔬果：菱角、罗汉豆、茭白、香瓜。凡这些，都是极其鲜美可口的；都曾是使我思乡的蛊惑。后来，我在久别之后尝到了，也不过如此；惟独在记忆上，还有旧来的意味存留。他们也许要哄骗我一生，使我时时反顾。

为什么鲁迅笔下的百草园会如此的美丽迷人呢？因为鲁迅渴望回到童年，回到百草园，因为回忆的东西总是显得很美好。

漂泊了大半辈子的鲁迅想回家了，尽管这个园子早已卖给别人，但在鲁迅的心里，那就是"我"的家。中年鲁迅经历了人生的艰辛坎坷、颠沛流离、居无定所之后，更加怀念百草园的生活。回忆的东西总是那么美好，总是那样令人神往。

这篇回忆性散文有更深的情、更深的意，因为这是鲁迅用笔勾勒自己的童年，在灯下对自己轻轻地诉说。最后一起重读第二自然段，作为结束下课。

《小石潭记》说课稿

范妍妍

王国维说："一切景语皆情语。"融情于景、借景抒情，是文学作品中常用的表现手法。《小石潭记》的语言精美，富有节奏感，景物描写细致，同时寓情于景，是一篇千古佳作，这正符合了语文核心素养中"语言建构与运用""思维发展与提升""审美鉴赏与创造"等素养。

一、说教材

《小石潭记》是部编版语文教材八年级下册第三单元的重点文言文篇目。唐宋八大家之一柳宗元被贬永州，谪居十余年间，写成《永州八记》，其中《小石潭记》最负盛名。本单元文言文选取了《桃花源记》《小石潭记》《核舟记》，分别从记叙、写景、说明等不同侧重点，让学生初识古代"记"这一文体。

二、说学情

《小石潭记》是八年级下册的课文，八年级的学生积累了一定的文言文知识，已经逐渐适应了初中语文的学习，在七年级又学过了《〈世说新语〉二则》《〈论语〉十二章》《诫子书》《爱莲说》《陋室铭》等简短而寓意深刻的文言文。初中语文课程标准指出，学生阅读浅易的文言文，重点考察学生的记诵积累，借助工具书理解诗文大意。因此，这篇文章侧重于培养学生对文言文的自主学习能力。

第六篇 说课稿

三、说教学目标

（1）利用注释、使用工具书读懂课文大意，并试着进行自主翻译全文（预习）。

（2）品读语言，赏析写法，抓住景物描写的特点。

（3）思考探究，理解寓情于景、由乐到悲的情感变化。

四、说教学重点、难点

《课程标准》提出，7～9年级学生欣赏文学作品要有自己的情感体验，品味作品富有表现力的语言。

因此，本课的教学难点是品读语言，赏析写法，抓住景物描写的特点。

如果说教学重点是课堂结果的主要线索，难点就是课堂升华的核心。那么，本课的教学难点是思考探究，理解寓情于景、由乐到悲的情感变化。

根据以上教学目标以及重难点的设置，我设计的课时是两课时。

五、说教法、学法

科学合理的教学方法能使教学效果事半功倍，我准备用讲解法、朗读法、探究法、读写结合法等教学方法。在学法上，我倾向于以学生为主体，把课堂还给学生，让学生用自主、合作、探究的方法，突破本文的重难点。

六、说教学过程

1. 课前预习

课前朗读，按照学生的不同基础，要求学生背诵全文，提高文言文语感。让学生利用注释、使用工具书进行自主预习，并翻译全文。

2. 课时导入

教师配乐朗诵柳宗元的《江雪》进行导入："千山鸟飞绝，万径人踪灭。孤舟蓑笠翁，独钓寒江雪。"

让学生回顾知识，了解作者的经历、性格特征。

师：这位高洁孤傲的诗人还写下了怎样的文章呢？今天，请大家和我一起，跟随着柳宗元的脚步，走进小石潭。

3. 朗读全文，整体感知

播放（幽远）古琴轻音乐，让学生伴随着音乐齐读课文。在齐读过程中，教师纠正学生的发音和节奏。（怡然不动、俶尔、悄怆幽邃等）

4. 解释重点字词、修改译文

（1）教师引导，注意文章中"从小丘西行"的"西"与"斗折蛇行"的"斗""蛇"、"犬牙差互"中的"犬牙""凄神寒骨"的使动用法。

（2）翻译全文，根据自己的预习作业，在教师的指导下进行小组合作，订正自己的翻译作业。

（3）教师展示全文翻译，第二次订正、完善全文翻译。

俗话说"授人以鱼不如授人以渔"，教学就是要教给学生文言文学习的方法。

5. 突破教学重难点

语言建构与运用是语文课程独特的素养，为此我将这样突破教学重点：

（1）小组合作，找出并品析《小石潭记》中景物描写的句子和特点，提示学生抓住关键词"变"。

（2）通过教师范读、指导诵读、个别指导朗读、全班齐读的形式，让学生融入情境，读出人物心情的变化。这也是本堂课的亮点之一。

（3）教师设疑：大家想一想，为什么柳宗元的心情会如此变化？

在朗读的过程中感悟，在感悟中思考探究作者心情变化的原因。这时候就需要学生结合写作背景以及柳宗元这个人物的经历，理解作者被贬永州，探山访水，流连于自然胜境，排遣苦闷，而这种寄情山水的排遣是暂时的，作者在凄清的环境中还是感到了凄凉神伤。

设计意图：①通过多形式朗读的演绎，结合小组讨论并分享，体会作者心情的变化。②引导学生懂得寓情于景的写作手法。③结合背景知识，知人论世，分析情感变化的原因。

6. 课后作业

假如你是柳宗元的朋友吴武陵（请同学们查阅相关资料，了解吴武陵），和作者一起游览小石潭，会有怎样的感受？你会如何安慰朋友柳宗元？据此写成一篇短文（300字）。

附录：

根据注释，吴武陵为作者的朋友，仕途坎坷，经历和柳宗元类似。他复归长安后，曾向宰相斐度陈述柳宗元的不幸："西原蛮未平，柳州与贼犬牙，宜用武人以代宗元。"（《旧唐书·吴武陵传》）在给工部侍郎孟简的信中说："古称一世三十年，子厚之斥十二年，殆半世矣。霆砰电射，天怒也，不能终朝。圣人在上，安有毕世而怒人臣邪？且程、刘二韩皆已拔拭，或处大州剧职，独子厚与猿鸟为伍，诚恐雾露所婴，则柳氏无后矣。"希望把柳宗元从柳州调回长安，改变其不幸的境遇。可惜的是，正当事情稍有眉目时，柳宗元已病逝于柳州，成为吴武陵终生遗憾。

以上是课文结束后给学生布置的作业，要求学生自主查阅相关资料，扩展延伸。有了学生的思考表达、教师的提炼升华，难点顺利突破。

七、板书

最后，教师根据课堂生成的板书进行总结。

师：漫漫人生路，曲折幽远，或喜或悲，变幻莫测，"变"或许才是人生之不变。柳宗元的小石潭之路，时而欢乐，时而忧伤，就这样缓缓地流淌出一首抑郁幽远的古典曲子。俗话说，一切景语皆情语。在这幅小石潭水墨画中，我们感受到了千百年前古人的喜乐哀愁。不知道你们和作者有没有类似的经历，融情山水，感悟自然，回顾自己的人生经历，或许就会有无限的感慨，或许就会生发出一些经验哲理。

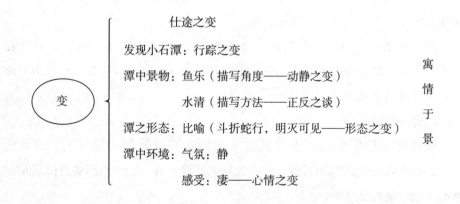

仕途之变
发现小石潭：行踪之变
潭中景物：鱼乐（描写角度——动静之变）
　　　　　水清（描写方法——正反之谈）
变
潭之形态：比喻（斗折蛇行，明灭可见——形态之变）
潭中环境：气氛：静
　　　　　感受：凄——心情之变

寓情于景

《从百草园到三味书屋》说课稿

陈 媛

我说的是人教版初中语文下册第三单元中《从百草园到三味书屋》的第二课时。我的说课分为四部分。

第一部分：说教材，包括三方面内容。

第一方面，分析教材。

本课是本单元的开篇文章，描绘了作者童年时期在百草园中的游戏玩乐和在三味书屋中的读书学习，展现了一个儿童的成长过程。本单元围绕"学习生活"选取课文。《从百草园到三味书屋》是鲁迅的代表作，讲述了鲁迅少年时代跟随寿镜吾先生学习的故事，学生可从中获得关于学习的经验和体会。

第二方面，确立目标。

新课程标准指出，阅读教学重点培养学生感受、理解、欣赏、评价的能力。另外，《从百草园到三味书屋》是回忆性散文的典范之作，据此我确立如下学习目标：

（1）知识与能力目标：学习默读，养成一气呵成读完全文的习惯，整体感知文章的基本内容。

（2）过程与方法目标：精读"百草园"段落，找出准确、传神的语言描写，学习抓住特点描写景物的方法。

（3）情感、态度、价值观目标：结合自己的生活体验，描绘童年生活的美好和学习生活的乐趣。

第三方面，确定重难点。

根据以上对教材的分析和目标的确立，再加上初一学生对散文的阅读能力还很有限的学情，确定学习重难点。

（1）学习重点：在默读的基础上，从整体上把握文章的基本结构。

（2）学习难点：深入体会作者情感，把握文章主题。

第二部分：说教法。

兴趣是最好的老师，生活是最好的素材。这篇课文渗透着作者的思想感情。先让学生回顾自己的童年欢乐，而后与作者的欢乐比较。在今昔的对比中，体会作者的思想感情，同时学习作者在语言运用方面的精练、隽永。古人云："授人以鱼不如授人以渔。"因此，教学生学习作者语言的同时，还要教学生如何观察。常言说："巧妇难为无米之炊。"引导学生观察，从生活中搜寻写作的素材，把所学的方法用到实践中来。

第三部分：说学法。

本节课采用的主要学法是默读与朗读结合，兼以合作学习、探究学习的学习方式。

第四部分：说教学过程，分为四个环节。

第一环节，导入课文。

为了使学生尽快进入到学习情境当中，我设计了这样的开篇语：

师："同学们，你们的童年是怎样的呢？觉得开心吗？小时候都做了些什么，有什么趣事可以和大家分享吗？"

目的在于激发起学生对美好童年的回忆，寻找到学生情感的爆发点。

接着导入课文：

师：你们了解鲁迅先生吗？你们知道他的家乡在哪儿吗？每一个人都有自己的童年，下面让我们来感受一下鲁迅先生成长的足迹吧。

第二环节：整体感知。

这一环节给学生充分的读书时间，让学生在自主阅读中把课文读懂，并有一些自己的体会，再通过生生、师生的讨论交流互相启发、补充，加深对文章内容的理解与感受。因此，我设计了这样的导语：

师：同学们，我们已经初步了解了文章，那么鲁迅先生的这篇文章为什么叫《从百草园到三味书屋》呢？这两个地方各自的特点是什么？假如你是作者，你会比较喜欢哪一个地方呢？为什么？鲁迅先生经历过的事情，比如说捉蟋蟀、听鬼故事等，你们有没有经历过呢？还记得那时候的心情吗？

因为都是与学生情感、生活经验相似的问题，可以激发学生思考问题的积极性。

第三环节，品味鉴赏。

朗读在语文学习中的好处怎样强调都不过分。一是可以化无声的文字为有声的语言，口读耳听，口耳并用，增加了向大脑传输信息的渠道；二是一边缓缓阅读，一边慢慢思考，将"读"与"思"有机结合起来，可以更好地加深对读物的理解；三是声情并茂，培养语感和情感。因此，我设计了这样的导语：

师：同学们，鲁迅的童年生活是充满乐趣的，请选择你最喜欢的段落有感情地朗读，并告诉大家你为何喜欢这一段，从内容和写法方面进行赏析。

第四环节，美文写作。

写作是对课文学习的学以致用，此文作于鲁迅45岁时，选自《朝花夕拾》，是作者童年时代的一首恋歌。为引导学生体会文章情感并指导写作，我设计了以下导语：

师：鲁迅在辗转流离、心情苦闷之时，为了在纷扰中寻出一点儿娴静来，借旧时的美好事物来排遣目前的苦闷，寄一些安慰。那么，同学们的童年有哪些趣事值得回味呢？请完成课堂练笔《童年拾趣》。

要求：

（1）抓住特点描写事物。

（2）围绕中心"趣"组织材料。

（3）注意比喻、拟人等修辞手法的运用和描写抒情等表达手法的运用。

《从百草园到三味书屋》说课稿

陈 颖

我说课的题目是《从百草园到三味书屋》，主要从说教材、说学情、说教学目标、说重难点、说教法学法、说教学过程六个方面进行说课。

一、说教材

《从百草园到三味书屋》是部编版七年级语文上册第三单元第一课，是一篇回忆童年往事的叙事散文，选自鲁迅的散文集《朝花夕拾》。将本文放在本单元第一篇有其目的性与示范性。纵观全单元，虽然各篇文章文体不同，但都有一个共同的主题，那就是"成长"。

因此，本单元的学习应整体感知、总体把握、用心品味，感悟所写之情、所言之理。同时着眼于学生未来发展的需要，启发他们有意识地塑造成长过程中应具备的品质。

二、说学情

七年级学生刚升入初中，比较争强好胜，教师要紧抓这一特点，通过开展预习谁最好、资料收集谁最多、朗读谁最棒、研究谁最深、活动谁最积极等比赛，选出学习上具有示范作用的学生，通过榜样带领全体学生更好地学习。

同时，教师也可以通过示范朗读等更好地引导学生学习。通过学生、教师的示范，营造良好的学习气氛，形成学习的动力，逐步养成良好的语文学习习惯。

三、说目标

根据以上对教材和学情的分析，我将本节课的教学目标设定如下：

（1）知识与技能目标：在通读课文的基础上理解主要内容，品味重点词句的意义和作用。

（2）过程与方法目标：通过竞争激发学生的学习兴趣和动力，并能运用小组合作的方式共同探讨疑难问题。

（3）情感、态度、价值观目标：学会欣赏文学作品，体会童年生活的情趣，关注自身的生活与成长。

四、说重难点

教学重点：分析描写，让学生学习如何运用多种手法增强语句的表现力。

教学难点：让学生理解作者是怎样将美好的童年生活内容与情趣表现出来的。

五、说教法

根据本课的教学特点与重点，我主要采用"自主思考、合作探究"的教学法。该方法教学时先预习了解课文内容，收集作者资料与趣味游戏资料，经过初读、细读、精读、品读等环节，对重点段落熟读成诵。

六、说学法

读书百遍，其义自现。学习散文的基本方法就是读。引导学生反复诵读全文、重点语段，让学生体会初读、细读、精读、品读等过程，在此过程中引导学生读、思、议相结合，体现学生从提出问题到探究问题、解决问题的过程。

七、说教学过程

第一课时，预习铺垫，打好基础。本层次是实际课堂教学的前奏。今天，我重点说的是第二课时。

（一）情景导入，激发学习兴趣

师：上节课我们熟悉了课文内容，理清了文章思路，感受了大师叙事的功力，叙事清晰而有条理。今天我们将深入文本，品味大师语言的魅力，随作者一起感受美好的、无可复制的童年。

（二）品读文本

1. 走进百草园

（1）问题导入，品析语言。

① 师：同学们，你认为百草园里什么东西最吸引你？

② 作者是怎样描写百草园的景物的？多媒体出示图片欣赏。

③ 作者为什么能把百草园的景物写得这样精彩？

总结景物描写的方法，包括细致观察、抓住特征、融入情感、讲究顺序、多个角度、联想想象、恰当修辞、精选词语等。

这个环节落实了本堂课的重点，即"分析描写，让学生学习如何运用多种手法增强语句的表现力，使文章生动，富有情趣，提高学生的鉴赏和写作能力"。

④ 师：百草园里有许多乐事，你觉得哪一件最有意思？哪些地方写得特别好？

将学生的注意力集中到"雪地捕鸟"这一段，引导学生分析动词的表达效果，进一步加深对动作描写的认识。

我采用了创设情境、品读成诵的方法创设情境，对重点语段进行品读，如百草园趣味、景物描写与雪地捕鸟段落。捕鸟一段可以抓住动词来读一读、品一品，最后能够品读成诵。在读的过程中配上音乐与画面，为学生创设诵读的空间与氛围，将学生带入情境中，熟读成诵。

⑤ 大家的注意力好像都在于百草园的美景、趣物、乐事，那美女蛇的传说在文中有没有存在的必要性呢？

这一问题的提出立刻引起大家的兴趣，引出了本节课的第二个小高潮，学生争先交流，之后教师点评总结。鲁迅借助这个故事使得百草园更加充满神秘色彩，更重要的是反映了儿童的心理，满足了潜存于他们心灵深处的好奇。从写作技巧上看，这一插话转描写为叙事，别开生面地为作品拓展了新的天地。百草园渗入了人情，更具魅力了，实是一记妙着。

语文课堂需要书声琅琅，散文的赏析更需要朗读。通过朗读，学生可以增强语感，丰富对语言的感性认识。因此这一部分结束后，我会小结百草园的生活，让大家自由朗读这部分内容。期间，我以关键词的形式提示大家。这一总结回归整体，百草园作为乐园的形象一目了然，并突出了"自由自在"的快乐。

（三）联系自身，感悟童年，小结课堂

每个人的童年都是一片宽阔的原野，在这里可以放飞心灵中所有的梦想与希望，可以播撒一生的幸福，可以荡漾一生的笑意。《从百草园到三味书屋》是鲁迅儿时生活的一段美好回忆，这段生活经历对鲁迅的人生发展产生过巨大的影响。希望学生也能像鲁迅一样，永远保持纯真活泼的天性和求知进取的心灵。

这部分的教学我采用总结法，让学生进一步了解学习重点。同时，课下通过到学校的墙根处或操场的角落里找一找趣味，关注自己的生活与成长，感悟童年生活的趣味。我向学生推荐阅读鲁迅的经典篇章和关于童年趣味的文章书籍，让学生阅读积累，提高语文综合素养。

《阿长与〈山海经〉》说课稿

李雪

一、教材分析

《阿长与<山海经>》选自部编版七年级下册的第三单元。这一单元的课文都是关于"小人物"的故事，这些人物虽然平凡，且有弱点，但他们身上又常常闪现优秀品格的光辉，引导人们向善、务实、求美。课文中的阿长也是一个小人物，她迷信、愚昧、饶舌多事，但在她身上也有着朴实善良、仁厚慈爱的美德。每个人都是一个立体的存在，具有多面性。在日常生活中，通过交往发现别人的长处和优点，是通往快乐、幸福生活的根本途径。由此，我将在教学中引导学生分析、品味文本，学会"关注人类、关注身边的人"，并能够在生活琐事中发现爱、感受爱、回馈爱。

二、学情分析

初一学年段的学生刚刚从小学升入初中，正是培养良好阅读习惯、训练阅读思维的关键期。因此，教学中通过问题定向引导，在无形中引导学生形成阅读思维，为培养阅读习惯打下坚实的基础。

三、教学目标

1. 知识与能力目标

通过品读文本，找出人物矛盾的形象特点，理解先抑后扬的写作手法，把握作者的创作意图。

2. 过程与方法目标

通过默读、分角色朗读，品味语言，逐步走进阿长与"我"的对话世界，感受那隐藏的深情。

3. 情感、态度、价值观目标

学会"关注人类，关注身边的人"，并能够在生活琐事中发现爱、感受爱、回馈爱。

四、教学重点、难点分析

教学重点：通过对文本的阅读，理清作者的行文思路，从而把握情感。

教学难点：体味作者怀念、愧疚的复杂感情。

五、教学设计

（1）解读题目，设置解读课文的两个核心问题。

问题1：阿长是谁？是一个什么样的人？

问题2：阿长和《山海经》是什么关系？

（2）品读文本，归纳人物特点，总结写作手法，在核心问题的基础上设置追问，帮助学生理清思路。

核心问题：阿长是谁？是一个什么样的人？

明确：不懂规矩，却又懂很多规矩；没文化，却又做了一件很有文化的事——买《山海经》。

追问1：刻画这样矛盾的人物形象，作者有什么意图？

作者运用先抑后扬的写作手法，突出表现阿长慈爱、善良、仁厚的性格特点。

追问2：我们都知道这是一篇回忆性散文，那么这样慈爱、善良、仁厚的阿长，作者是在什么时候感受到的？又是什么样的态度？

明确：长大以后，也就是写文章的时候。深沉的怀念和感激。

追问3：叙述事情发生的时候，也就是作者年幼的时候，他对阿长是怎么样的态度？

明确：讨厌、不耐烦，严重地诘问（不尊重）。

追问4：两个年龄段，两种截然不容的态度，这样的叙述作者是要抒发什么样的情感？

明确：深深的愧疚。

小结：作者在文章中分别用了两组事件，刻画了一个矛盾的人物形象。通过对比，衬托出阿长慈爱、善良、仁厚的性格特点。

（3）小组讨论，深入探究文本，解决教学难点。

核心问题：阿长与《山海经》是什么关系？

明确：从课文内容上可以得知，作者最心爱的《山海经》是没有文化的阿长用自己的薪水买回来的。

追问：作为一篇回忆童年生活的散文，阿长买《山海经》这件事只是众多事件中的一件，那么可不可以把课文题目换为《阿长与小长毛》或者《阿长与烦琐的规矩》呢？为什么？

明确：不可以。阿长买的《山海经》是作者最初得到的最心爱的宝书，"书的模样，到现在还在眼前"。对于作者来说，那是阿长给他的礼物，是一份留念。虽然作者写到"木刻的却已经记不清是什么时候失掉了"，但这恰恰与文中所写到的对阿长的不了解、不关心所呼应，更深刻地表达了作者对阿长的歉疚之情。

师：阿长只是一个连名字都随便起的女工，一个很平凡的"小人物"，可是作者多次撰写文章来表达对她的思念之情，在深沉的思念中更夹杂着深深的歉疚之意。现在让我们一起，用最深沉的声音大声念出本文的最后一段，让鲁迅的歉意通过我们的声音再一次回响人间。

（4）在感悟文本感情的基础上升华情感，呈现语文课堂的人文性。

师：同学们，回顾我们的生活，环顾我们的四周，我相信也会有这样平凡的"小人物"在默默地呵护着你、爱护着你。可能是你的亲人，可能是你的朋友，可能很平凡，可能会忘记了你的生日，也可能会忘记了与你的约会，但是他永远会在你最需要的时候出现在你的身边。因为，他可能会忘记很多事，但是他永远会记得爱你。

《从百草园到三味书屋》说课稿

崔维刚

我说课的内容是鲁迅的散文《从百草园到三味书屋》的第二课时，主要包括教材、学情、教法与学法、教学过程四个方面。

一、说教材

《从百草园到三味书屋》是人教版七年级第一学期第三单元的一篇重点讲读课文。本单元选取的文章都是以学习生活为题材，紧贴初一这一学习段。该单元重点学习默读，而读又是课程标准对语文学习四种基本能力中重点强调，也是教学当中比较隐形的一种能力训练。这篇课文选自鲁迅的回忆性散文集《朝花夕拾》，无论是百草园的乐趣横生，抑或是三味书屋的枯燥乏味，都是作者少年时代的生活恋歌。课文既生动形象地描写了作者热爱大自然、喜爱快乐生活的心理，也反映了清末私塾教育的状况。学习本课要让学生能理解作者的这一思想感情，从而珍惜今天自由、愉快的学习环境。文章写景有序，语言表现生动活泼、趣味盎然，对于指导学生观察生活、描写景物很有意义。结合以上教材分析以及单元目标，我设计了如下教学目标：

（1）知识目标：了解鲁迅及创作背景。

（2）能力目标：把握课文内容，掌握写景的顺序和方法。

（3）情感目标：体会童年生活的情趣，关注自身的生活与成长。

二、说学情

因为写作年代与现在相距较远、作者个人写作风格等原因，鲁迅的文章确实有些难以理解的深度和学生自身理解能力有限所难达到的高度。这篇文章是学生上初中以来第一篇有难度的经典之作，学生对于散文"有真我、写真事、抒真情、形式散、神不乱、一线牵"的特征尚不熟悉，尤其是历来争议颇多的主题理解和把握还有不够。而且，初中生还处于认知的较低级阶段。针对以上学情，我设计如下的教学重难点：

（1）要求学生了解和学习写景的基本顺序和常用的修辞手法。

（2）从语言入手，理解课文中的写景和抒情。

（3）理解作者的思想感情。

三、说教法与学法

兴趣是最好的老师，生活是最好的素材。这篇课文不像镜子那样原封不动地把原物照下来，而是渗透着作者的思想感情。先让学生在学习对比中体会作者的思想感情，同时学习作者在语言运用方面的精练、隽永。古人云："授之鱼不如授之以渔。"因此，学习作者语言的同时还要教学生如何观察。常言说："巧妇难为无米之炊。"引导学生观察，从生活中搜寻写作的素材，把所学的方法用到实践中来，让学生在练中学、在学中练，以便巩固。本文篇幅较长，要讲的东西也很多，但因为时间的关系，我尽量删繁就简，长文短教。我在学生充分预习的基础上安排两个课时教授。第一课时首先交流学生预习的情况，包括对作者的了解和对字词的掌握；其次是熟悉课文内容，理清文章思路，并提出一些问题让学生自由阅读和思考。我今天要说的是第二课时。本堂课淡化对主题的解读，重点放在分析第一部的描写，让学生学习如何运用多种手法增强语句的表现力，使文章生动，富有情趣，提高学生的鉴赏和写作能力。同时，引导学生体会作者童年生活的情趣，关注自身的生活与成长。

四、说教学过程

（一）导入新课

课前先让学生准备一篇100字的小文章——《这里有我的欢乐》。教师批阅以后选出两篇文章：一篇较好的，一篇较差的。上课时先投影两篇文字，评析其词语的运用，肯定好的，同时也要指出不足。

（二）教授新知

（1）指导学生快速默读课文前8段，并思考这部分内容中主要记叙了哪三个令作者难以忘怀的内容。

明确：景物（美好）、百草园故事（神奇乐园）、捕鸟（有趣）。

（2）重点研读第2段，播放录音。

学生思考：课文写了百草园的哪些美好的景物？各抓住了静物和动物的什么特点来写？

明确：作者用"不必说……也不必说……单是……就有……"一组词语写出了十五种景物。写静物，作者分别抓住了形态和色彩；写动物，则分别抓住了形态、声音和动态。另外，抓住动作写出四件趣事。

（3）学生齐读第7段，以捕鸟为例，进一步理解观察和描写的方法，抓住关键的词语（特别是动词）。

明确：扫开、露出、撒、系、牵、看、拉、罩。

从这段描写我们可以看出，观察需要从事物的形、色、声、态等几个方面入手，把事物看仔细，然后才能把这些感觉具体地写到文章里。

（三）练习运用

指导写作《美丽的六约校园》。

（1）写作手法采用"移步换景"法。

（2）围绕中心"美丽"组织材料。

（3）注意比喻、拟人等修辞手法的运用和描写抒情等表达手法的运用。

这既是本课的结尾，又是本课的高潮，使学生从课堂的理论学习走到实践观察，从而激发学生的学习热情。

《老王》说课稿

刘梦玲

我说课的内容是部编版语文七年级下册第三单元课文《老王》。下面我将从说教材、说学情、说教学目标、说教法学法、说教学过程、说板书设计等六个方面进行说课。

一、说教材

《老王》是部编版语文七年级下册第三单元的课文，本单元课文都是关于"小人物"的故事，都是以记事为主，但文体又有所不同。《老王》这篇课文，作者通过回忆老王窘迫的生活状况以及与老王交往的生活片段，展现了特殊时代背景下老王与作者一家珍贵的友情，凸显了孤独寒微的老王纯朴、仁义、善良的品格，表达作者对人性之美的讴歌、对不幸者的悲悯关怀、对自身的反省，以及对命运的慨叹。

二、说学情

《老王》是一篇人物关系简单、内容单纯的散文，七年级的学生仔细阅读便可理解课文内容，并初步了解"老王"这个人物形象，但是真正深入人物内心、把握作者感情及文章主题还有些难度。如今学生普遍生活优越，阅历浅，被父母娇惯。因此，许多学生只知道一味地接受"爱"，而不懂得如何去感谢"爱"，更别说去回报"爱"了。对像老王这类生活在社会底层的弱者，他们不了解，更别说去关心了。我认为，语文教学不仅要让学生学到语文知识，更重要的是让学生体会文中的情感，从而树立正确的人生观和价值观。因此，应使学生充分理解课文感情，学会关注身边的弱者，用善良去体察善良，用爱心去浇灌世界。

三、说教学目标

新课程标准中重点提出，要让学生"关注人类、关注身边的人"，在"提高学生阅读能力的同时，提升学生的情感态度价值观"。根据以上两方面的要求，结合本课的教材和学情特点，我确立以下教学目标：

（1）整体感知课文，理解人物形象，赏析作者按特定顺序、线索将细节串联起来的写法，品味作者描写老王的语句，理解老王和"我"的善良。

（2）结合时代背景，解读老王临终前赠送香油和鸡蛋的丰富内涵，在细节中探究，由此深入理解课文表达的思想。

（3）探究作者对老王心怀愧疚的深刻原因，体会作者在平和语调中流露出的叹惋和感伤。

根据以上教学目标，我提出教学重难点为：

重点：

（1）赏析细节串联起来的写法，理解老王和"我"的善良。

（2）解读老王临终前赠送香油和鸡蛋的丰富内涵，由此深入理解课文表达的思想。

难点：探究作者对老王心怀愧疚的深刻原因，体会作者在平和语调中流露出的叹惋和感伤。

四、说教法学法

部编版教材要求教师转变角色，变知识的传授者为学生学习的引导者、参与者、合作者，注重培养学生的独立性和自主性。根据这一指导思想，我在本课教学时采取自读点拨法和合作探究法，使学生在轻松的氛围中学到知识。

根据以上教学方法，主要体现以下的学法：

（1）预习清障法。通过课前预习使学生初步了解课文，扫清文字障碍，有利于提高听课的效率，使课堂效果事半功倍。

（2）自主悟读法。通过学生自己的个性阅读和感悟，加深其对文章主旨及感情的理解，培养学生的自主阅读能力。

第六篇 说课稿

（3）合作交流法。合作交流有利于学生形成不同的知识结构、思维方式和性格特征的优势互补，不仅极大地提高了学习效率和学习质量，而且最大限度地满足了学生的表现欲望和对成功的渴求。

五、说教学过程

1. 写作背景，导入课文

师：今天我们学习的是一篇很有名的散文——《老王》。学习前，我们先了解一下作者。杨绛，作家、文学翻译家，著名学者钱钟书的夫人。她创作的《杨绛全集》涵盖了前后八十多年的内容，可见她一直坚持写作。《老王》记叙的生活发生在"文化大革命"时期。"干校"特指"文革"中接收干部和知识分子劳动改造的农场，亦称"五七干校"。杨绛和她的先生就曾接受过劳动改造，其间仍然坚持写作。

设计意图：开门见山，揭示作者和课文所处的时代，更利于学生理解文本。

2. 整体感知，走近老王

请学生注音，检查预习情况，然后通过填表格来回忆老王的基本情况（PPT展示表格）。最后，请大家找出课文章中的"善"：老王的善、"我"的善、被降格为货物的老先生的善。他们的善分别从哪些事件中体现出来？这些"善"得到的回应是什么？之后与学生一起开始学习，看是否能找到答案。

个人基本情况表	
姓名	老王
职业	车夫
家庭成员	有两个哥哥去世了，有两个没出息的侄儿
身体状况	一个眼睛是瞎的，"田螺眼"，夜盲症，营养不良
家庭住址	破败的庭院中，塌败的小屋
生活境遇（一个字概括）	苦

老王的善良表现：①送冰；②送医；③送货；④送油、送蛋。

"我"的善良表现：①照顾老王的生意，坐他的车；②老王再客气也付给他应得的报酬；③老王送来香油、鸡蛋，不能让他白送，也给了钱；④关心老王的生计：三轮车改装后，生意不好做，关切询问他是否能维持生活；⑤女儿也如"我"一样善良，送老王大瓶鱼肝油，治好他的夜盲症。

老先生的善良表现：载客三轮被取缔后，为了维持老王的生计，老先生把自己降格为货物让老王运送。

设计意图：通过检查预习情况，可以让学生通过归纳课文的内容加深对"老王"形象的理解，同时也可以让学生更轻松地进入第二课时的学习，深入理解"我"的愧疚。

3. 研读课文，深入探究

（1）老王给"我"送鸡蛋和香油。请学生思考老王为什么要送？

（2）再看第8段和第9段，对于"打门"和"嗯"这两个字词怎么理解？

明确："打门"说明心急，说明老王把这里看成不是家的家，是一扇类似家的门，不用注意礼节去轻轻敲；"嗯"说明老王把"我"当成家人，不客气，不注意礼节，对"家人"用残缺的生命去关爱。

设计意图：重点引导学生研读8～16自然段。让学生有感情地朗读课文，通过阅读体验形成阅读反思。同时，让我们清楚地了解老王把"我"当亲人，用自己残缺的生命来爱护这个不是家的家。

（3）病中给"我"家送鸡蛋和香油。在这个过程中，"我"是怎样接待他的？你认为怎样做会更好？

预设："我"给不要钱的老王钱，没留老王坐坐，老王下楼没扶他，没有常人的待客之道。如果是我，我会留老王在家吃完饭后再走。（第二问是开放性问题，答案言之有理即可）

（4）追问：杨绛先生是一个有文化、有知识的人，在之前与老王的交往中也友好相待，为什么这次这么简单招呼，还不如大家懂得待客之道？

（5）继续追问：那么，杨绛先生是"小人"吗？

设计意图：设定环环相扣的问题，主要是能更好地从动作、神态、语言等几个方面来分析人物形象，更好地反映老王身体的糟糕、"我"与老王在情感付出上的不对等，即老王把"我"当亲人，而"我"仅仅是把老王当一个熟人。同时，作者回忆中的那份愧疚让我们更深入地认识到一个作家敢于反省的高尚情怀，这也是后面作者"愧怍"的隐含理由。

4. 文眼分析，品味情感

（1）齐读最后一段，联系前文分析，理解"那是一个幸运的人对一个不幸者的愧怍"。为什么要"愧怍"？体现了"我"怎样的性格？（小组合作讨论，教师点拨）

明确："幸运的人"指"我"，"不幸的人"指老王。"愧怍"原因是"我"觉得可以对老王的关心和照顾做得更好，却没有做到，内心的深切愧疚；老王把"我"当家人，而"我"却只把老王当熟人；"我"一直视老王为需要接济和帮助的弱者，双方缺少人格的平等。

作者的"愧怍"感受，体现了作者的平等观念、人道主义与爱心以及敢于反省的高尚情怀。

设计意图：由于前面的问题分析是此问的潜在答案，所以此问题设定是为了让学生对"愧怍"原因有一个总的概括整理。通过小组讨论和教师点拨，引导学生进一步理解本节课的难点，进而理解主题，把握作者的写作意图。

5. 开阔思维，拓展延伸

师：老王只是我们大千世界中一个非常普通的人，你身边有像老王这样的不幸者、弱者吗？你平日是如何对待他们的？你像作者一样，有过良心的叩问吗？

设计意图：之所以在最后设置这样的拓展迁移题，是因为本节课要引导学生关注身边人、善待身边人。再让学生谈谈对社会的责任，这样才能更好地完成本节课的情感体验。

6. 课堂小结

师：同学们，相对于老王来说，今天我们坐在明亮的教室里学习，有亲人的疼爱、老师同学的关爱，我们是多么幸运啊。所以，我们更应该去关心弱者，学习杨绛女士把爱之光分一些给身边的人。请记住，不要放弃每一次帮助别人的机会，因为"送人玫瑰，手留余香"。

7. 作业布置

给老王写一封信，以"老王，我想对您说"为题，体现出对他的关心和爱。

设计意图：此作业是根据教学目标来设定的。本课的重点在于对"善"的分析和对"愧怍"的理解，从而得出作者的平等观念和爱心。

板书设计

《老王》

"善"的表现 　　　愧怍（"我"）

平等和爱心

第六篇

说课稿